LA SCIENCE

DE

LA LÉGISLATION,

Par M. le Chevalier GAETANO FILANGIERI,
Conseiller d'Etat au département des Finances
de Naples ;

*Ouvrage traduit de l'Italien, d'après l'édition
de Naples, de 1784.*

TOME SIXIEME.

A PARIS,

CHEZ CUCHET, rue & Hôtel Serpente.

M. DCC. LXCI.

Οὐκ ἔστι γδ'ἐι κρειττον ἢ νόμοι πόλει καλῶς τιθέντες.

Nihil est civitati præstantius, quam leges rectè positæ. Eurip. in Supplicib.

TABLE

DES CHAPITRES ET ARTICLES

Contenus dans ce Volume.

LIVRE QUATRIÈME.

*Des lois relatives à l'éducation, aux mœurs,
& à l'instruction publique.*

Fin de la Table du tome VI.

LA SCIENCE

LA SCIENCE

DE LA

LÉGISLATION.

LIVRE QUATRIEME.

Des lois relatives à l'éducation, aux mœurs; & à l'instruction publique.

PREMIERE PARTIE.

DES LOIS RELATIVES A L'ÉDUCATION.

CHAPITRE PREMIER.

E<small>N</small> écrivant fur les lois criminelles, je n'ai eu devant les yeux que le tableau de la dépravation humaine. J'ai eu à vaincre des obftacles qu'on a regardés pendant long-temps comme infurmontables;

Tome VI.   A

j'ai eu à attaquer des erreurs, à heurter des préjugés, à bleſſer des intérêts particuliers, à combattre d'antiques & dangereux ſyſtêmes. L'expérience, guide immuable de la raiſon, au lieu de m'éclairer, ne faiſoit qu'accroître mon incertitude. Elle me montroit les vices des légiſlations anciennes & modernes, & l'inutilité des efforts qu'on a faits dans tous les temps pour corriger & perfectionner la partie la plus imparfaite des codes de tous les peuples. Si je conſultois les Ecrivains anciens, à côté d'un petit nombre de vérités rarement applicables à l'état actuel des choſes, je trouvois un nombre immenſe d'erreurs. Si je conſultois les modernes, je trouvois, dans la plupart d'entre eux, avec un moindre nombre d'erreurs, un nombre encore moindre de vérités, & je voyois dans les uns & dans les autres l'impoſſibilité reconnue de perfectionner cette partie de la Légiſlation.

La juriſprudence romaine, compoſée de différens fragmens des lois royales, & de celles d'une République ariſtocratique, d'une démocratie mixte & d'un deſpotifme tour à tour fecret, hardi, féroce, fuperftitieux, fanatique, m'entraînoit dans un labyrinthe inextricable, où je rifquois à chaque pas de m'égarer fans retour. La jurifprudence poftérieure, & particulierement celle de nos temps modernes, ouvroit fous mes pas un autre abîme, & m'environnoit de difficultés nouvelles. La feule idée d'avoir à rechercher ce que l'on avoit penfé, ce que l'on avoit écrit, ce que l'on avoit établi en différens temps, dans les divers états de la fociété civile & dans les divers Gouvernemens, ne fuffifoit-elle pas pour me décourager, & me détourner d'une entreprife où les fecours devenoient des obftacles, & où les guides qui s'offroient à moi, ne pouvoient fervir qu'à faciliter mes erreurs?

Tel étoit l'état d'incertitude de mon efprit. Si je parlois enfuite des doutes de mon cœur, pourroit-on imaginer quelle a dû être ma fituation, en me voyant toujours entre deux extrêmes également funeftes, le danger de compromettre

A 2

l'innocence, le danger d'affurer l'impu‑
nité! Forcé de marcher fans ceffe à une
diftance égale de ces deux abîmes, la
circonfpection & le trouble accompa‑
gnoient tous mes pas.

Mon intérêt perfonnel fembloit s'unir
encore à tous ces obftacles, pour leur
donner un nouveau degré de force.
L'exemple de tant d'hommes généreux,
profcrits pour avoir eu le courage de
combattre les claffes les plus puiffantes
de la fociété, & les intérêts de corps,
contraires aux intérêts de l'humanité &
aux droits de la raifon, m'annonçoit tous
les périls auxquels je m'expofois en
fuivant leurs traces.

Enfin la néceffité d'obferver toujours
les hommes fous le point de vue le plus
affligeant, dans l'état de crime & de dé‑
pravation, m'exagérant fans ceffe l'im‑
puiffance de la raifon à les rendre meil‑
leurs, augmentoit encore mes ennuis par
cette trifte & décourageante idée.

Tel a été l'état de mon efprit & de
mon cœur pendant tout le temps que je
me fuis occupé des lois criminelles. Com‑

bien cette situation eſt différente de celle
où je me trouve en ce moment !

Une ſuite d'idées conſolantes & douces
ſe préſentent à ma raiſon ; elles n'ont plus
pour objet la punition du crime & l'effroi
des méchans , mais la récompenſe de la
vertu.

Dans la premiere partie de ce livre ;
j'obſerverai l'homme à cette époque de
la vie où il n'a pas encore eu le temps de
ſe corrompre.

Dans la ſeconde , je l'obſerverai à cet
âge, où, préparé par l'éducation , &
abandonné à la dépendance immédiate
des lois, il doit être conduit à la vertu
par la route même des paſſions.

Dans la troiſieme, je l'examinerai dans
cet état d'inſtruction , néceſſaire pour
connoître ſes vrais intérêts, & les diſtinguer de ſes intérêts apparens ; pour ſe
mettre à l'abri de ces erreurs qui font
prendre les preſtiges de la vertu pour la
vertu même, pour le bien & le mal, ce
qui n'en eſt que la vaine & chimérique
image.

L'expérience va m'offrir ici une foule

d'exemples tirés de toutes les circonſtances de la vie , & des différentes ſociétés.
C'eſt elle qui me montre , dans cette cé-
lebre République de la Grèce , des prodiges d'éducation , qui avoient en quelque
ſorte transformé la Nature humaine , en
altérant toutes ſes affections ; elle me fait
voir dans Sparte le citóyen qui (1) , exclu
du conſeil des Trois-Cents , ſe réjouit que
ſa patrie renferme 300 hommes plus
dignes que lui d'être honorés de ſa confiance , & l'enfant qui , étendu ſur l'autel
de Diane, expire ſous le fouet, ſans donner
le moindre ſigne de douleur & de vengeance (2) , & le jeune homme qui , dans

---

(1) Pedarete.

(2) Tous les anciens Ecrivains ne parlent jamais,
ſans le plus grand étonnement , de l'inconcevable patience avec laquelle les enfans Spartiates ſouffroient
cette flagellation, qui s'exécutoit chaque année ſur l'autel de Diane , afin de leur apprendre , dit Xénophon,
que celui qui doit ſupporter la douleur pendant quelques inſtans, jouit long-temps des louanges & de l'eſtime
publiques. Elien , Plutarque, Cicéron , & pluſieurs autres
Auteurs anciens , aſſurent que quelquefois ces enfans ex-
piroient dans ce ſupplice, ſans pouſſer un ſeul ſoupir.
(Elien, liv. 13 ; Plutarque, *Inſtituuis laconicis* ; &

les combats prefcrits par les lois, meurt plutôt que de fe déclarer vaincu (1); & la femme qui rend graces aux Dieux de ce que fon époux eft mort en défendant la patrie ; & les meres qui fe félicitent entre elles de leurs enfans morts à la bataille de Leuctre, tandis que les autres pleurent fur leurs fils vivans, mais vaincus (2).

Paffant enfuite de l'éducarion aux mœurs, je vois dans Rome ces mœurs remédier pendant long-temps aux vices des lois, de la conftitution, du culte, & même fuppléer à ces lois, à cette conftitution, à ce culte. Je vois d'un côté

Cicéron, Tufcul. 2 & 5. Voyez auffi Sénèque, dans le Traité où il examine pourquoi, fous l'empire d'une Providence, les gens de bien font malheureux.

(1) *Adolefcentium greges Lacædemone vidimus, ipfi incredibili contentione certantes pugnis, calcibus, unguibus, morfu denique, ut exanimarentur priufquam fe victos faterentur.* Cic. Tufcul. 5. *Voyez* encore *Senec. de Beneficiis*, lib. 5, & Plutarque, vie de Lycurgue.

(2) Plutarque, vie d'Agéfilas ; & Elien, *Var. hift.* lib. 12, cap. 19.

A 4

l'excès de la puissance paternelle ; & de l'autre la modération avec laquelle on en fait usage ; la liberté du divorce., & la perpétuité des mariages pendant plusieurs siècles ; une cruauté excessive dans les lois pénales, & un grand respect pour la vie des citoyens ; une foule de troubles, & peu de révolutions ; des principes d'oppression dans le systême du Gouvernement, & des fondemens inébranlables de liberté dans la vertu des particuliers ; une ambition extrême dans le Sénat, & la plus grande modération dans les Sénateurs ; des sentimens de haîne dans l'ame du peuple, & de la douceur dans les procédés ; de l'horreur pour la Monarchie, & de la confiance dans la vertu d'un Dictateur absolu. Je vois les mœurs triompher de la superstition même. Sous la forme des abominables divinités du Paganisme, le vice descend vainement du séjour éternel parmi les hommes ; les mœurs le repoussent avec indignation. Je vois honorer la vertu de Lucrèce, tandis qu'on célèbre les dissolutions de Jupiter ; l'impudique Vé-

nus eft adorée par la chafte Veftale ;
l'intrépide Romain facrifie à la Peur, &
invoque le Dieu qui mutila fon père,
tandis qu'il meurt fans murmures & fans
regrets fous le bras du fien.

C'eft l'expérience qui me montre enfuite l'impuiffance des lois fans les mœurs ;
c'eft elle qui m'apprend que, dans une
fociété corrompue, les remedes que
l'on oppofe à la corruption du peuple,
font une fource féconde de dépravation
générale. Je vois la cenfure, deftinée à conferver les mœurs, devenir,
dans un pays corrompu, une inquifition
effrayante, un inftrument d'oppreffion &
de vengeance, avec lequel quelques
hommes attaquent ouvertement la fûreté
de tous. Je vois que cette cenfure,
au lieu d'étouffer la dépravation morale, la foutient & l'augmente, en
plaçant des tributs ignominieux fur la corruption publique, fur la proftitution, fur
les crimes mêmes. Loin de réprimer la
baffeffe d'ame & la trahifon, elle remplit
la fociété de vils délateurs, d'infames
mercenaires, hardis à proteger le vice qui
les paye, à perfécuter la vertu qui les mé-

prife. Je vois la religion la plus pure devenir, dans une telle fociété, une fource
inépuifable de vices & de crimes. Je vois
le fanctuaire du Dieu de la juftice fe tranf-
former en un marché, où l'impie va acheter l'expiation de fes fautes, en offrant
une portion de la fubfiftance qu'il a arra-
chée au pupille & à la veuve, & fubftituer, par ce facrifice, la tranquillité de
l'innocence aux remords du crime.

Confidérant enfuite l'inftruction publique, je vois dans les modernes fociétés
de l'Europe les lumières diminuer les
triftes effets de la corruption, & élever
la feule barriere que l'on oppofe aujour-
d'hui aux progrès du defpotifme.

Quelle feroit notre deftinée, fi, au
milieu de la dépravation de nos mœurs,
des vices de notre éducation, de l'imperfection de nos lois; fi, au milieu de quatorze cent mille hommes toujours armés,
toujours prêts à foutenir les attentats des
Princes de l'Europe, la voix libre & cou-
rageufe de la philofophie n'annonçoit pas
les vrais principes de la morale, n'atta-
quoit pas la tyrannie, ne faifoit pas rougir
les tyrans ? fi l'opinion publique, éclairée

& dirigée par les écrits des Philofophes, ne couvroit pas d'infamie le Monarque qui promulgue une loi injuſte, le Miniſtre qui la propoſe, le magiſtrat qui la fait exécuter ? ſi les coups arbitraires d'une autorité toute-puiſſante n'étoient pas, en quelque ſorte, prévenus à leur naiſſance, & dénoncés avec courage à la ſociété entiere par les hommes éclairés ? ſi les vertus des chefs des Nations ne trouvoient pas des panégyriſtes éloquens, & leurs vices des accuſateurs intrépides ? ſi, dans les Monarchies, la ſainte voix de la liberté ne frappoit pas ſans ceſſe les oreilles du peuple, & ne lui rappeloit pas ſes droits inaliénables ? ſi les Monarques enfin, éclairés par tant d'écrits patriotiques, n'avoient appris à connoître que leurs intérêts ſont liés à ceux de leurs peuples ; que leur force dépend de la proſpérité publique ; que leur trône ſera toujours chancelant, leur autorité foible, précaire, & toujours environnée de dangers, s'ils ne ſont pas défendus par l'amour de leurs peuples, qui ne peut exiſter ſans le reſpect de leurs droits ?

Tels font les réfultats de l'expérience,
& la raifon ne fait que leur donner une
nouvelle force. Si l'éducation à Sparte ;
fi les mœurs, fans l'éducation, à Rome ;
fi, dans nos Monarchies modernes, l'inftruction publique, fans l'éducation & les
mœurs, ont eu une fi grande puiffance,
quelle feroit leur énergie, quels feroient
leurs effets, fi ces trois forces combinées
enfemble étoient dirigées par une fage
légiflation ?

Si Lycurgue, par le feul reffort de l'é-
ducation, put former un peuple de guerriers fanatiques, que ne pouvoient ébran-
ler ni le malheur, ni la force, ni le courage,
pourquoi un Légiflateur plus humain &
plus fage ne pourroit-il former de la même
maniere un peuple de citoyens guerriers,
vertueux & raifonnables ? Si l'éducation,
à Sparte, a pu infpirer aux femmes mêmes
une grandeur d'ame & une force qui
étonnent l'imagination, pourquoi ne
pourrions-nous efpérer, dans nos temps
modernes, de faire naître en elles, par les
mêmes moyens, des fentimens nobles &
généreux, propres à les rendre plus utiles

à la patrie, plus cheres à leurs époux, plus respectables à leurs enfans ? Si une éducation qui combattoit la Nature, exerça sur les hommes une si grande puissance, pourquoi une éducation qui ne feroit que la seconder & en faciliter les développemens, n'auroit-elle pas sur eux le même empire ?

Si la vertu régna dans Rome au sein des dissentions civiles & des guerres étrangères, au milieu de la lutte perpétuelle de l'ambition & de la liberté, des patriciens & du peuple, du Sénat & des Tribuns ; sous une constitution flottante & un gouvernement toujours altéré; entre une religion sans morale & un culte corrupteur ; pourquoi ne pourroit-elle briller au sein de la paix & de la tranquillité, dans des Gouvernemens stables & réglés, à côté d'une religion qui perfectionne les mœurs des hommes, & supplée au silence des lois.

Si la raison, persécutée tant de fois par le Gouvernement, arrêtée par les Magistrats, enchaînée par la loi, calomniée par le fanatique & par l'homme puis-

fant, a, malgré tant d'obstacles, produit
les plus étonnantes révolutions dans les
modernes sociétés de l'Europe, que ne
devons-nous pas attendre d'elle, lorfqu'elle fera encouragée par le Gouvernement & protégée par le Magiſtrat ; lorfque la loi l'appellera à fon fecours, pour
donner à fes décrets cette fanction de
l'opinion publique, qui doit en faire ché-
rir & éternifer l'empire.

Si le progrès de nos lumières nous a
donné, pour ainſi dire, la force de dominer la Nature, & de la faire fervir à nos
deſſeins ; ſi la main puiſſante de l'homme
lui fait traverfer l'efpace immenfe des
airs, dirige la foudre, maîtrife les
vents & les eaux, donne aux végétaux &
aux animaux de nouvelles qualités indi-
viduelles, crée, pour ainſi dire, dans
les uns & dans les autres de nouvelles
efpeces, forme de nouveaux fluides ; ſi,
en un mot, la raifon a donné à l'homme
un ſi grand empire fur le monde phyſique, pourquoi n'aurions-nous pas l'efpoir
de le voir dominer fur le monde moral ?
Si une fage légiſlation, dirigeant la marche

de l'efprit humain, le détournoit des vaines fpéculations, pour le rappeler entierement aux objets qui intéreffent le bonheur des peuples & le fort des Empires,
cette conquête fur le monde moral ne
deviendroit elle pas facile ? & la perpétuité du bonheur & de la vertu d'un peuple ne cefferoit-elle pas d'être regardée
comme un phénomene impoffible ?

Tels font les objets que je dois examiner dans ce livre ; tels font les motifs qui
me font entreprendre ce travail avec confiance & avec courage. Je parlerai d'a-
bord de l'éducation ; doit-elle être publique ? peut-elle l'être chez des Nations
nombreufes ? Toutes les claffes de la fociété peuvent-elles y participer ? quel
doit en être le but ? quels doivent en être
les moyens ? d'après quel plan pourroit-
elle être établie ?

CHAPITRE II.

Des avantages & de la néceffité de l'éducation publique.

S'IL ne faut que former un homme, l'éducation domeftique me paroît préférable; mais s'il s'agit de former un peuple, je crois qu'il faut employer l'éducation publique. L'homme élevé par la loi ne fera point un *Emile*. Sans l'éducation de la loi, vous aurez un *Emile*, une cité; mais vous n'aurez point de citoyens.

Si, au milieu des foyers domeftiques, une éducation parfaite eft extrêmement rare, parce qu'elle fuppofe le concours favorable de la *Nature*, *de l'art*, *& des circonftances*; fi un homme, doué de toutes les vertus, des talens les plus rares, d'un caractere doux & paifible, d'une conftance infatigable, d'une profonde connoiffance de l'homme & du développement de l'efprit humain, uniquement occupé, à

chaque

chaque inftant du jour, à obferver & à diriger fon éleve, fans lui faire fentir qu'il l'ob-
ferve & le dirige ; fi cet homme , malgré
tant de puiffans moyens , a befoin d'une
difpofition favorable de la Nature dans
fon éleve , du caractere moral de fes parens , & de tous ceux qui l'environnent ;
fi un feul individu, méchant ou ftupide ,
peut , en s'approchant un moment de
l'enfant , détruire le travail de plufieurs
années ; fi, dans le long cours de cette
éducation, il ne doit pas y avoir , pour
ainfi dire , un feul événement qui ne foit
ou préparé, ou utilement employé pour
le perfectionnement de l'élève ; fi les faits,
plutôt que les paroles ; fi l'exemple , plutôt que les préceptes ; fi l'expérience ,
plutôt que les regles , doivent former &
élever l'homme ; fi l'art & la marche de
l'inftituteur doivent être tellement cachés
à l'éleve, qu'il ne puiffe voir dans celui
qui dirige fes pas, qu'un compagnon , un
confident , un ami ; fi la curiofité doit le
mener à l'inftruction, la liberté au travail,
le plaifir à l'occupation ; fi tout ce qui eft
néceffaire pour conferver l'ordre & accé-

lérer le progrès des élèves dans l'éducation
publique, feroit un défaut effentiel dans
l'éducation particuliere ; fi l'horloge qui
doit régler toutes les actions dans la premiere, doit être proscrite de la feconde ;
fi l'uniformité néceffaire dans l'une, doit
être foigneufement évitée dans l'autre ;
fi l'émulation qui doit être employée dans
celle-là, comme moyen de perfection,
devient dans celle-ci un principe de vanité & d'envie ; fi, en un mot, une foule
de circonftances font indifpenfables pour
obtenir une éducation parfaite, & qu'on
puiffe à peine efpérer de les rencontrer
dans l'éducation d'un feul, comment
pourroit-on les combiner enfemble dans
l'éducation publique ?

Mais que pourroit-on attendre de l'éducation, fi elle étoit abfolument indivi-
duelle ? Combien peu d'hommes, même
dans la fociété la plus nombreufe, feroient dans une fituation propre à donner
à leurs enfans une bonne éducation ?
Dans ce petit nombre, combien peu uni-
roient le pouvoir à la volonté ! & parmi
ces derniers, combien peu réuffiroient
dans cette entreprife !

L'ignorance & la misère dans le bas
peuple, la mort des parens, l'abandon
des pères, la nécessité du travail, la multitude des occupations dans cette classe
de citoyens qui n'existe que du produit
de ses mains ; la dissipation, le goût des
plaisirs dans les riches ; les distractions
de la vanité & de l'ambition dans les
classes supérieures, l'exercice des emplois
publics, les préjugés & les erreurs presque universellement répandus, & qui
font totalement contraires aux véritables
principes de l'éducation ; l'amour exces-
sif des parens pour leurs enfans ; le soin
extrême de leur conservation physique ;
l'empressement minutieux à leur offrir des
secours, lorsqu'ils n'en ont pas besoin,
excès de sollicitude qui donne aux enfans une certaine pusillanimité, une certaine foiblesse d'ame propre à anéantir
toute espece de courage, tout sentiment
de ses propres forces ; le peu de considé-
ration, le peu d'avantages réels que procurent les ennuyeuses & difficiles fonctions
d'Instituteur, qui cependant, lorsqu'elles
font bien remplies, supposent une grande

étendue de connoiſſances & de lumières,
& une grande perfection de caractère ;
enfin la corruption des mœurs, contre laquelle les lois devroient lutter ſans ceſſe,
mais que nos inſtitutions ſociales ſemblent
faites uniquement pour protéger ; tous
ces abus n'atteſtent-ils pas évidemment
combien peu d'avantages il y a à eſpérer
de l'éducation privée , & combien il y a
d'inconvéniens à craindre.

Si à ces réflexions , qui démontrent
l'impuiſſance de l'éducation privée , nous
en ajoutons d'autres relatives aux avantages de l'éducation publique, nous ſen-
tirons bientôt qu'elle eſt abſolument néceſſaire, malgré les inévitables imperfections qui l'accompagnent.

Le nombre des Inſtituteurs devant
être moins conſidérable, & le Gouvernement pouvant donner à leurs fonctions
la conſidération qu'elles méritent, en
compoſer une eſpèce d'ordre de magiſ-
trature reſpectable , & offrir à leur émulation de grandes eſpérances, trouveroit
bientôt beaucoup d'hommes dignes
d'exercer des fonctions ſi reſpectables.

Choifis par le Gouvernement & dirigés par la loi, ils s'éleveroient au deffus de tous ces préjugés, dont un feul peut rendre illufoire le plan d'éducation le plus parfait, & ils feroient véritablement dignes de former les enfans de la patrie, d'après les grands deffeins du Légiflateur.

L'éducation étant entièrement fondée fur l'imitation, le Légiflateur n'a befoin, pour former des hommes, que de bien diriger ceux qui doivent leur fervir de modèles. Ces hommes, il eft vrai, ne feroient pas entièrement femblables; beaucoup refteroient inférieurs aux modèles, quelques-uns les furpafferoient; mais le plus grand nombre auroit au moins quelques traits de reffemblance, & ces traits formeroient le *caractère national.*

Tous les hommes, à quelque âge qu'ils foient, font également dirigés par l'opinion. Ce n'eft pas tant l'évidence de la vérité qui frappe le commun des hommes, que l'opinion qu'ils ont de la perfonne qui l'annonce. Que le guerrier illuftre, tout couvert de bleffures, brillant des

fignes glorieux de fes triomphes, parle
publiquement du courage & des talens
militaires ; que le Magiftrat, revêtu des
ornemens de fa place, enfeigne la juftice
& le refpect pour les lois ; que le citoyen
qui a le mieux mérité de la patrie, infpire
des fentimens d'amour & de refpect pour
la mère commune de tous les citoyens,
quels effets ne produiront pas leurs inftructions ! Qui pourra douter de la fupériorité de pareilles leçons fur celles d'un
pédagogue mercenaire ?

« Le moyen le plus efficace, dit un
des plus profonds Philofophes de l'an-
tiquité, pour conferver la conftitution
du Gouvernement, c'eft d'élever la jeuneffe fuivant l'efprit de cette conftitution (1) ».

Seroit - il donc poffible d'obtenir ce
but fans une éducation publique? Quel
homme auroit fur ce point un intérêt plus
grand que le Souverain ? qui en auroit
plus les moyens ? qui en connoîtroit plus
l'importance & pourroit mieux en tracer
le plan ?

(1) Ariftote, Politiq. liv. 1.

L'homme naît dans l'état d'ignorance,
mais il ne naît pas dans l'erreur ; toutes
les fausses opinions de son esprit sont ac-
quises. L'enfance étant l'âge de la curiosité & de la foiblesse de la raison, est ordinairement l'époque de cette funeste ac-
quisition. Si les oreilles des enfans pouvoient être inaccessibles à l'erreur, les vérités pénétreroient facilement dans leur
ame. Il n'y a qu'une éducation réglée par
le Magistrat & par la loi, qui puisse produire cet effet dans le peuple ; & une
telle éducation ne peut être qu'une éducation publique.

Dans tous les Gouvernemens, chez
tous les peuples, l'opinion publique est
la plus grande force de l'Etat ; son influence, soit pour le bien, soit pour le
mal, est très-puissante ; elle est supérieure
à l'action, comme la résistance de l'autorité publique, & il est par conséquent de
la plus grande importance qu'elle soit
rectifiée dans son principe, & dirigée
dans sa marche. De tous les moyens dont
le Législateur peut se servir pour produire

B 4

cet effet, en est-il un plus efficace que celui dont je parle?

Une triste expérience nous apprend que l'inftant où les lumières commencent à pénétrer dans une Nation, est marqué d'une foule de divifions inteftines & de luttes fanglantes. Les ennemis de la vérité & les obfervateurs fuperficiels de l'efprit humain fe font fervis de ces faits pour calomnier les lumières. Il n'eût pas été difficile cependant, avec quelque impartialité & quelque profondeur dans la maniere d'obferver, de ramener ces effets à une autre caufe. Lorfqu'une partie de la Nation s'éclaire, tandis qu'on laiffe l'autre languir dans les erreurs de toute efpèce, la lutte de la vérité avec l'erreur doit produire un combat entre ces deux claffes d'hommes. La tranquillité intérieure eft troublée, le fang coule à grands flots. L'efprit de parti donne à l'erreur une force invincible; & la vérité, calomniée, attaquée de toutes parts, eft obligée de retarder fa marche. Quel fera le préfervatif contre tant de maux? Il faut chercher à détruire les erreurs dans le peuple , tandis qu'on s'occupe à étendre les lumières de l'autre claffe de la fociété. Mais comment y parviendra-t-on fans une éducation publique ?

Parmi les paffions qui agitent le cœur de l'homme, il en eft qui ont avec la vertu des rappports fi étroits, qu'on peut dire qu'elles en font la fource. Le cœur de la jeuneffe eft ouvert à toutes les paf- fions : la première qui s'en empare exerce d'ordinaire , pendant la vie entière , le plus grand empire fur toutes les autres. Or la paffion dominante eft la feule qui puiffe produire de grands effets. L'inté- rêt de la fociété feroit que les paffions dominantes des individus n'euffent pour objet que de les rendre utiles à l'Etat , d'en faire de bons citoyens : il n'eft pas douteux que cela ne réfultât en grande partie de l'éducation. Le Légiflateur pourroit donc trouver dans l'éducation publique le moyen le plus propre à ren- dre communes les paffions qu'il croit les plus utiles , les plus convenables au but de la fociété.

A mefure que les liens qui uniffent

les citoyens fe multiplient, le corps focial acquiert plus de force, & fa liberté
eft expofée à moins de dangers. La tyrannie, dit le grand homme que je viens de
citer (1), ne peut s'introduire, ni fe maintenir, qu'en femant parmi les citoyens
la divifion, mère de la foibleffe. Les ennemis de la tyrannie rapprochèrent toujours les hommes, & les tyrans les di-
visèrent. Rapprochons donc les hommes
dès leur enfance. L'habitude de vivre
enfemble dans un âge où les motifs de
divifion font rares, foibles, & paffagers,
fortifiera l'union fociale, & accoutumera
les citoyens à fe regarder comme parties
d'un même corps, fils de la même mère,
membres de la même famille. L'inégalité
des conditions & des fortunes perdra une
partie de fes funeftes effets; & la voix puiffante de la Nature, qui annonce & rappelle fans ceffe aux hommes leur égalité,
trouvera toujours les citoyens difpofés à
l'étendre : on n'abandonnera plus les en-

_____

(1) Ariftote. Voilà l'origine de la maxime *divide &*
impera.

fans à cette folitude dangereufe, qui rend
leur ame trifte & leur caractère farouche;
la fociété de leurs égaux leur donnera de
bonne heure cette douce énergie, fi néceffaire aux hommes dans tout le cours
de leur vie. En s'habituant à éprouver le
befoin qu'ils ont de leurs femblables,
pour les jeux & les plaifirs de leur âge,
ils s'accoutumeront à être reconnoiffans
& attentifs ; & ces échanges continuels
de bons offices feront naître dans ces ames
tendres l'amour de la fociété, & le fentiment de la dépendance réciproque des
hommes ; ils apprendront à fentir la néceffité de foumettre leur volonté à celle
des autres, à être doux, indulgens, fenfibles, bienfaifans, à détefter l'opiniâtreté,
à avoir en horreur les tranfports de la co-
lère, & à circonfcrire dans les bornes de
la juftice l'inftinct naturel de la liberté.

Telle eft une partie des motifs qui me
femblent démontrer les avantages & la néceffité de l'éducation publique. Le développement de ce fujet important va nous
découvrir d'autres raifons d'adopter cet
ordre de chofes.

CHAPITRE III.

De l'univerfalité de l'éducation publique.

CHEZ les anciens, où l'éducation étoit publique, elle étoit commune à tous les citoyens. Minos (1), Lycurgue (2), Platon (3), eurent la même opinion fur ce fujet. Il fuffifoit de n'être ni étranger, ni voyageur, ni efclave, pour participer à l'éducation publique, & être exclus de l'éducation domeftique. Les enfans du Soldat & du Général, du Prêtre & du Magiftrat, du dernier citoyen comme du Chef de la Nation, étoient inftruits, nourris & vêtus de la même manière. A peine un enfant avoit-il atteint la fixième année de fa vie, que la patrie le demandoit à fes parens, & ceux-ci le confioient à la mere commune (4).

_____

(1) Strabon, liv. X.

(2) Ariftot. politiq. liv. IV; & Plutarq. Inftit. lacon.

(3) *Plato. de legibus*, dialog. 7.

(4) *Plato ibid. & Nicolaï Gragii de Rep. Lacæd.* lib. 3. *in Thefaur. Græv. & Gronov. vol.* 5.

Cette méthode des peuples anciens pourroit-elle avoir lieu chez les Nations modernes de l'Europe? Quelle différence entre une République de quelques milliers de citoyens, & une Monarchie composée de plusieurs millions de sujets! entre un Etat renfermé tout entier dans les murs d'une petite ville, & un Empire immense, coupé par des fleuves, des bras de mer, & des montagnes! entre un peuple uniquement occupé de la guerre (1), & une nation tout à la fois guerrière & agricole, manufacturière & commerçante! entre des peuples où l'égalité des biens étoit rarement altérée (2), & des nations où la plus grande égalité qu'on pût attendre & obtenir des meilleures lois, consisteroit

_____

(1) En Crète, comme à Sparte, la culture des terres étoit abandonnée aux esclaves; c'étoit aux mains libres qu'étoit réservé l'honneur de manier l'arc & l'épée. La bêche & la charrue étoient abandonnés aux Périeciens en Crète, & aux Ilotes à Sparte. Voy. Aristot. *Polit. lib.* 2. Strab. liv. 12. Athénée, liv. 6. Plat. Vie de Lycurgue.

(2) *Voy.* Platon, *de Legib.* dialog. 5; & quant aux Spartiates, lisez le Traité de Nicolas Gragius, *de Republ. Lacedæm.* 3 *tabula* 4 *in Thesaur. Græv. & Gronov. vol.* 5.

à ne pas placer d'un côté l'excès de l'opulence, & de l'autre l'excès de la misère (1)!

Ces premières réflexions suffisent, je crois, pour montrer la différence qui doit exister entre le systême de l'éducation publique des anciens, & celui de l'éducation publique des modernes. L'une & l'autre peuvent & doivent cependant avoir un caractere commun de ressemblance, & ce caractère est l'universalité de l'éducation. Le plan que je vais proposer seroit imparfait & vicieux, si une seule classe de citoyens étoit exclue de l'éducation publique : il laisseroit subsister beaucoup de sources de corruption ; il feroit perdre une grande partie des avantages que j'ai attribués à l'éducation publique ; il priveroit une partie des membres de la société, des secours que la loi offriroit aux autres ; il rendroit la Législation tout entière partiale & injuste, puis-

_____

(1) Je prie le lecteur de se rappeler ce que j'ai dit à ce sujet dans le tome 2 de cet ouvrage, chap. 3, 4, 34, 35, 36.

que l'égalité des peines & des récompenfes ne feroit alors qu'une injuftice
manifefte.

Je laiffe le lecteur réfléchir fur ces
idées, & je vais m'occuper à chercher
comment, dans des Etats confidérables,
chez les Nations modernes de l'Europe,
l'éducation publique pourroit s'étendre à
tous les individus de la fociété.

CHAPITRE IV.

De la poffibilité de cette entreprife.

S'IL falloit conftruire un édifice qui
dût contenir tous les enfans de l'Etat, où
l'homme deftiné à cultiver la terre fût
obligé de recevoir la même éducation
que celui qui, un jour, gouvernera l'Etat;
où les enfans des Artifte & du Guerrier,
du Payfan & du Magiftrat, réunis fous
le même toit, fuffent élevés d'après le
même plan; fi l'éducation publique, en
un mot, pour être générale, exigeoit

cette uniformité conftante de fyftême & de moyens ; fans doute une telle entreprife feroit abfolument impoffible à exécuter, & celui-là commettroit une très - grande erreur, qui, féduit par l'exemple des anciens, & ne réfléchiffant pas à la différence des circonftances, oferoit la propofer pour les peuples modernes de l'Europe.

Mais il n'eft pas néceffaire, pour rendre générale cette éducation publique, d'établir cette uniformité de fyftême & de moyens ; il faut feulement que tous les individus d'une fociété puiffent participer à l'éducation du Magiftrat & de la loi, chacun fuivant fa deftination particulière & les circonftances où il fe trouve. Il faut que le Payfan foit élevé pour être citoyen & homme des champs, & non pour être Magiftrat ou Général ; il faut que l'artifan puiffe recevoir dans fon enfance l'inftitution qui doit l'éloigner du vice, le conduire à la vertu, à l'amour de la patrie, au refpect pour les lois, lui faciliter les connoiffances & l'exercice du genre d'induftrie

auquel

auquel il doit s'attacher , & non lui faire
étudier les principes d'après lesquels on
dirige l'Etat ou on administre la chose
publique ; il faut enfin , pour que l'éducation publique soit générale , que toutes
les classes , tous les ordres de l'Etat puis-
sent y participer ; mais il ne faut pas que
toutes ces classes , tous ces ordres y participent de la même manière ; en un mot ,
elle doit être générale , & non uniforme ,
publique , & non commune.

En considérant sous ce point de vue
l'universalité de l'éducation publique , les
doutes sur la possibilité de cet ordre de
choses dans de grandes Nations commencent à s'évanouir , & j'espère les
dissiper entièrement par l'exposition du
plan que j'ai conçu sur ce sujet.

Puisque l'éducation publique ne doit
pas être uniforme , cherchons de quelle
manière on peut classer & répartir le peuple pour cet objet , & examinons quelles
sont les différences nécessaires qu'exige
l'éducation respective de ces classes.

_____

CHAPITRE V.

De la répartition du peuple.

JE divife d'abord le peuple en deux claffes Principales. Dans la premiere, je comprends tous ceux qui fervent ou pourroient fervir la fociété de leurs bras ; dans la feconde, tous ceux qui la fervent ou pourroient la fervir des talens de leur efprit. Je fubdivife chacune de ces deux claffes en plufieurs claffes fecondaires. Il n'eft pas néceffaire de les compter ou de les indiquer toutes.

Il eft aifé de voir, d'après le fimple expofé de cette répartition, que, quoique les claffes fecondaires dans lefquelles fe fubdivifent ces deux claffes générales, exigent des différences quant à leurs inftitutions refpectives, ces différences ne peuvent être néanmoins ni auffi nombreufes, ni auffi confidérables que celles qui diftinguent les deux claffes principales auxquelles ces claffes fecondaires appartien-

nent. Pour procéder avec cette méthode
qui facilite à l'Ecrivain la découverte
de la vérité, & qui met le lecteur à portée
de l'entendre , commençons donc par
observer les différences de l'éducation
des deux classes principales du peuple ;
nous examinerons ensuite les différences
de l'éducation des classes secondaires,
qui appartiennent à chacune de ces deux
classes générales (1).

---

(1) Je prie le lecteur de ne pas juger mon plan avant
de l'avoir observé en son entier. Je ne puis exposer
toutes mes idées à la fois. Chacun de ces articles préliminaires fera naître au lecteur des difficultés & des objections ; mais à mesure qu'il avancera , j'espère qu'il les
verra disparoître. Ma répartition du peuple pourroit sur-
tout donner lieu à une difficulté qui , si elle existoit véritablement , seroit capable toute seule de faire rejeter
mon plan par tout homme qui auroit quelque philo-
sophie & quelques sentimens d'humanité. On pourroit
croire en effet que je veux introduire en Europe , &
perpétuer par les lois la division des *castes* qui existe
chez les Indiens. Mais on verra dans le huitieme &
le seizieme chapitre de ce livre combien je suis éloigné d'un pareil dessein , & combien par conséquent une
telle imputation seroit injuste. En me réservant de prévenir ces objections dans les chapitres indiqués, je dirai ici,

C 2

CHAPITRE VI.

Differences générales entre l'éducation des deux classes principales du peuple.

L A première de ces différences naît de la disproportion immense qui existe entre ces deux classes, quant au nombre des individus qui les composent. Les maisons publiques d'éducation suffiroient à peine pour la seconde classe ; comment donc pourroient-elles servir encore à la première ? Il faudroit construire des Colléges aussi vastes que des villes, & par conséquent surcharger le peuple d'impôts excessifs, ou épuiser, pour la seule construction des édifices, des sommes

---

d'une manière générale, que les deux classes dans lesquelles j'ai divisé les individus de la société, ne font qu'une division imaginée pour exprimer, non leur état politique, mais leur destination ; non leur condition naturelle, mais l'ordre de choses où les circonstances que nous détaillerons doivent les placer.

qui, dans l'état ordinaire des chofes, fuffiroient pour affurer à jamais les dépenfes
de l'éducation même. Nous réferverons
donc les maifons publiques d'éducation
pour la feconde claffe, & nous recour-
rons à un autre moyen pour la première.
Telle eft la première différence qui naît
du nombre; les autres naiffent de la deftination.

L'Agriculteur, l'Artifan deftinés à fervir la fociété de leurs bras, n'ont befoin
que d'une inftruction courte & facile pour
acquérir les connoiffances néceffaires à
leur conduite civile & aux progrès de
leur art; mais en eft-il de même des
hommes deftinés à fervir la fociété par
les talens de leur efprit? Quelle différence
entre le temps qu'exige l'inftruction des
uns, & celui qu'exige l'inftruction des
autres !

Si, dans les premiers, la vigueur &
la force du corps font indifpenfables pour
l'objet de leur deftination, & que, dans
les autres, ces qualités ne foient qu'utiles, la partie phyfique de l'éducation des
uns ne doit-elle pas autant l'emporter fur

C 3

la partie purement fcientifique, que dans
les autres celle-ci doit être préférée à
celle-là ?

Et quant à la partie morale de l'éducation, la différence de leur deftination ref-
peétive ne doit-elle pas produire auffi quelques différences effentielles? Si les hommes deftinés à fervir la fociété de leurs
talens font d'ordinaire difpofés à méprifer
ceux qui fe livrent à des travaux mécani-
ques; fi la vanité & l'orgueil font ordinairement les vices des uns, comme la
baffeffe & le mépris d'eux-mêmes font les
vices des autres; fi c'eft de la nature même
de ces deux deftinations que naiffent
pour ainfi dire ces vices contraires, il eft
aifé de voir que le befoin de les prévenir
doit produire une grande différence dans
la partie morale de leur éducation ref-
peétive. Les moyens qui rappellent aux
hommes leur égalité naturelle, & qui leur
annoncent la dépendance réciproque de
tous les membres de l'efpèce humaine,
doivent être employés dans l'éducation
des uns, & l'on doit fe fervir, dans l'éducation des autres, de toutes les reffources

qui peuvent leur faire fentir la dignité ori-
ginelle de l'homme, & par conféquent
élever leurs ames & leur infpirer cette
noble fierté qui exclut la baffeffe des fentimens.

Telles font les différences générales
dont j'ai parlé. Il fuffit de réfléchir un peu
fur ce que je viens de dire, pour apercevoir que chacune d'elles en renferme beaucoup d'autres. Je ne les indique pas ici,
parce qu'elles feront développées dans le
cours de cet ouvrage. Je vais maintenant
expofer le fyftême que je crois le plus
propre aux deux claffes de la fociété. Je
parlerai d'abord de la première claffe,
confidérée en général ; je pafferai enfuite
aux claffes fecondaires, dans lefquelles
elle fe fubdivife.

CHAPITRE VII.

Vues générales sur l'éducation de la première Classe.

PROPOSER, comme je l'ai dit, des maisons publiques d'éducation pour les individus de cette première classe, c'est renoncer à l'espérance de voir exécuter ce plan d'éducation publique. Si l'on propose au contraire de laisser dans les murs domestiques, & sous la vigilance immédiate des peres, les enfans qui appartiennent à cette premiere classe, quels avantages peut-on attendre de ce plan d'éducation ? Voici, ce me semble, à quoi il se réduiroit. Dans chaque ville ou village, on pourroit tout au plus rassembler ces enfans à certaines heures du jour, pour leur inspirer des principes de morale publique, que l'exemple domestique, pendant le cours de la journée, leur apprendroit bientôt à violer. On éleveroit foiblement d'un côté ce qu'on détruiroit de l'autre violemment & tout d'un coup ; on abandonneroit aux mains de la corruption le foin de femer les germes de la vertu ; on renonceroit entièrement à l'efpoir de donner , par le moyen de l'éducation , à la Nation un caractère , & au peuple une paffion capable de les modifier fuivant les grands defleins du Légiflateur. Voilà ce qui réfulteroit de ce puéril & ridicule plan d'éducation populaire. Pour prévenir ces deux maux , dont le premier rendroit inexécutable tout projet d'éducation publique pour cette première claffe , & dont le fecond rendroit cette éducation même inutile , je vais propofer le moyen que j'ai imaginé.

Dans chaque communauté , le Magiftrat fuprême , chargé de l'éducation publique de la province , devroit choifir entre les plus honnêtes citoyens un nombre d'inftituteurs proportionné à fa population. Cette Magiftrature populaire jouiroit de diftinctions & d'émolumens, propres, non feulement à la rendre défirable, mais à en faire un objet de récompenfe pour les hommes de cette claffe qui fe feroient diftingués par leur probité & leurs vertus. La loi, qui peut, avec de très-petits moyens, produire les plus grands effets, devroit accompagner ce choix de cérémonies impofantes, qui en augmenteroient le prix aux yeux des citoyens, & qui en feroient pour eux un objet de confidération & de refpect.

A chacun de ces inftituteurs devroit être confié un certain nombre d'enfans, & ce nombre ne devroit pas excéder celui de quinze. Chacun de ces inftituteurs feroit chargé de veiller fur les enfans, de les diriger, de les nourrir, & de les habiller, d'après les inftructions qui lui feroient données.

Comme une des parties les plus importantes de cette direction feroit, ainfi que je l'obferverai dans peu, d'inftruire les enfans dans le métier auquel ils feroient deftinés, ces inftituteurs devroient être choifis dans les différentes profeffions qui font établies, ou qu'il conviendroit d'établir dans la communauté ; & le plus grand nombre de ces inftituteurs devroit être pris en particulier dans la profeffion qu'exerce ou doit exercer dans ce diftrict le plus grand nombre des citoyens.

Ces inftituteurs devroient être inftruits de leurs devoirs & furveillés dans leur conduite par le magiftrat chargé de l'éducation de cette communauté , fous la dépendance immédiate du *Magiftrat fuprême d'éducation* de la province dans le reffort duquel eft cette communauté.

Le Collége de la Magiftrature d'éducation pour cette première claffe devroit être compofé des magiftrats fuprêmes des provinces, des Magiftrats inférieurs de la communauté , & des inftitu-teurs (1).

---

(1) Je ne veux pas oublier d'avertir que , dans les grandes Capitales, un feul Magiftrat inférieur d'éducation ne fuffiroit pas pour remplir toutes les parties de fon miniftere. Lorfqu'on en aura connu les devoirs, on fentira combien il feroit néceffaire de divifer ces grandes villes en plufieurs quartiers, proportionnés à leur popula-

Le plan d'éducation que nous allons
expofer, montrera les fonctions refpectives, les devoirs particuliers, & les pré-
rogatives de chacune de ces magiftratures.
Ce plan d'éducation devroit être établi
par la loi; aucun de ceux qui feroient
chargés de l'exécution ne devroit avoir
le droit de l'altérer. Nous le diviferons
en trois parties; la première aura pour
objet la partie phyfique; la feconde la
partie morale; la troifième la partie inf-
tructive ou fcientifique. Avant de l'expofer, je prie le lecteur de fe rappeler ce
que j'ai dit. L'éducation publique ne
peut, relativement a un individu, être
auffi parfaite que pourroit l'être une
éducation particulière. Mais fi celle-ci
peut à peine former un individu, celle-

---

tion, & d'affigner à chaque quartier fon Magiftrat particulier. Il conviendroit encore que, dans ces grandes
villes, les inftituteurs établiffent leur habitation dans les
faubourgs, ou dans les lieux qui font aux environs,
plutôt que dans le centre même de la ville. La lecture
de ce plan d'éducation fera connoître les motifs de
cette difpofition.

là peut inftituer un peuple entier. Obligés de renoncer, dans ce plan d'éducation publique, à l'idée d'une perfection abfolue, tâchons du moins d'obtenir une perfection relative; & s'il ne nous eft pas permis de former, par ce moyen, un homme, occupons-nous à former un citoyen. Rappelons-nous que, dans les murs de Sparte, fi célèbre par fon éducation, il n'y avoit peut-être pas un feul *homme*; mais il n'y avoit pas un feul Spartiate qui ne fût citoyen. Héros fur la place publique, dans les armées, dans le Sénat, il étoit un tyran en préfence des Ilotes: il étoit tout à la fois un prodige dans l'ordre de la Cité, & un monftre dans l'ordre de la Nature (1). Pour-

_____

(1) Il fuffit, pour être convaincu de la vérité de cette expreffion, de lire ce que Plutarque, dans la vie de Lycurgue, & Athenée, liv. 6 & liv. 14, nous difent de la férocité avec laquelle les Spartiates traitoient les Ilotes. Thucydide, liv. 4, n. 80, & Diodore, liv. 12, nous apprennent que le nombre des Ilotes s'étant une fois accru jufqu'au point d'infpirer de l'effroi aux citoyens, on publia une loi, par laquelle les plus vigoureux de ces efclaves étoient invités à fe préfenter pour être in-

rons-nous, fans nous rendre coupables de ces excès, obtenir la perfection dont ils étoient doués à tant d'égards ?

---

corporés dans l'ordre des citoyens. Deux mille de ces malheureux fe préfentèrent ; ils furent couronnés de fleurs, & conduits dans les Temples ; mais peu après ces deux mille Ilotes difparurent, & on croit communément qu'ils furent égorgés. On connoît l'horrible hiftoire des *embufcades*. De temps en temps, ceux qui, à Sparte, préfidoient à l'éducation de la jeuneffe, choififfoient les plus prudens & les plus déterminés de leurs élèves; ils les armoient de poignards, & leur donnoient la quantité de vivres fuffifante pour un certain nombre de jours : après cela, ces jeunes gens fe répandoient dans la campagne, & fe cachoient, durant le jour, dans des bois ou des cavernes ; la nuit, ils fortoient de leurs retraites, fe poftoient dans les routes publiques, & affaffinoient tous les Ilotes qui fe préfentoient. Quelquefois ils marchoient de jour, & égorgeoient les Ilotes qui leur paroiffoient les plus forts & les plus robuftes.

Si l'on veut être encore plus perfuadé que les Spartiates étoient de véritables monftres, on n'a qu'à lire tout ce que les anciens Auteurs nous racontent de leur conduite avec les habitans d'Armine & de Syracufe. Diodore, liv. 14, & Xénophon *de reb. geft. græc. lib.* 2. Voyez dans Hérodote le portrait qu'il trace de leur caractère. liv. 9, n. 53 ; & *Xénoph. de Republ. Lacédem.*

'Afin de procéder avec méthode, nous examinerons d'abord comment la loi doit régler l'admission & la distribution des enfans, pour les différentes classes secondaires dans lesquelles cette première classe est subdivisée, & nous préviendrons, par ce moyen, quelques objections que l'on pourroit nous faire.

CHAPITRE VIII.

Etablissemens relatifs à l'admission & à la distribution des enfans de cette première classe.

S I la perpétuité des classes & la succession héréditaire des professions déshonorent, aux yeux du sage, la législation beaucoup trop admirée des anciens Egyptiens (1); si les Historiens les plus impartiaux & les Voyageurs les plus dignes de

---

(1) *Aristot. Polit. lib. 7. cap. 10. init. Herodot. lib. 2. n°. 163. Plat. in Tim. Diodor. lib. 1.*

foi nous atteſtent les triſtes effets que pro-
duiſit cette inſtitution chez quelques peuples de l'Inde, où la diviſion & la perpétuité des *caſtes* eſt introduite de temps
immémorial, & conſervée avec une févérité religieuſe (1); ſi la raiſon ſuffit, ſans
le ſecours de l'expérience, pour nous
prouver qu'un tel uſage relâche tous les
liens ſociaux, diviſe la ſociété en une
foule de ſociétés ſéparées par leurs intérêts comme par leurs occupations,
détruit toute eſpèce de talent, ôte à la
vertu l'énergie de l'eſpérance, détruit
l'unité ſi néceſſaire de l'intérêt commun; ſi tels ſont, en un mot, les funeſtes effets de ce ſyſtéme abſurde, nous
nous garderons bien de favoriſer une
diviſion ſi pernicieuſe, par notre plan
d'éducation publique.

Pour éviter cet abus autant qu'il eſt
poſſible, je crois devoir régler, de la manière ſuivante, l'admiſſion & la diſtribu-

---

(1) *Diodor. lib.* 2. *Strab. lib.* 15. Voyage de la Bou-
laye. Le Goul. pag. 159, 160, 122. Lettr. Edifi. tom. 5.
tom. 12. tom. 24. tom. 16. Voyages de Pyrard, p. 273.
tion

tion des enfans de cette première claffe.

Dans chaque communauté, tout père de familie aura le droit de préfenter fon fils au Magiftrat chargé de l'éducation publique du lieu, dès que cet enfant aura atteint l'âge de cinq ans. Comme toutes les dépenfes pour l'entretien & l'éducation des enfans de cette première claffe feront au compte du Gouvernement, on fent aifément que peu de pères voudront renoncer à cet avantage. La certitude de voir un fils bien élevé & inftruit, & l'avantage de n'avoir pas à s'occuper de fa fubfiftance, fuffifent, fans aucune efpèce de contrainte envers les parens, pour faire ceffer l'éducation domeftique, & confier à celle du Magiftrat & de la loi tous les enfans de cette claffe. Ennemie de la violence, la loi doit, autant qu'il lui eft poffible, inviter les hommes à concourir à fes deffeins, fans les y forcer. Son empire n'eft jamais plus puiffant & plus augufte que lorfqu'il s'exerce fur la volonté, & non fur les actions.

Nous excepterons de cette règle les enfans des mendians. Le Magiftrat ne

doit pas, dans ce cas, demander le con⸗
fentement des pères, pour les arracher à
des mains fi dangereufes, & les confier à
l'éducation de la loi.

Le Magiftrat exercera le même droit
fur les enfans trouvés, fur les orphelins,
fur les enfans de ceux qui ont perdu le libre
ufage de la raifon. Il eft jufte qu'un enfant
qui ne connoît pas fon père, ou qui l'a
perdu, ou qui ne peut recevoir de lui au⸗
cune éducation, trouve dans la mère
commune un dédommagement de cette
perte.

Le Magiftrat, après avoir reçu l'enfant,
enregiftrera fon nom, fon furnom, in⸗
diquera le jour où il aura été préfenté, &
donnera au père ou au tuteur une copie
de cet enregiftrement. Mais qui détermi⸗
nera la première deftination ?

J'ai dit que cette première claffe princi⸗
pale eft fubdivifée, comme la feconde,
en différentes claffes fecondaires; qu'il
faudroit choifir les inftituteurs dans les
différentes profeffions qui exiftent, ou
qu'on voudroit établir dans la commu⸗
nauté; que le plus grand nombre des inf⸗

tituteurs doit être pris dans la profeſſion qui occupe ou qui doit occuper dans cette communauté le plus grand nombre des individus ; que chacun de ces inſti-tuteurs doit avoir un certain nombre d'en-fans, & que ce nombre ne doit pas excéder celui de quinze ; enfin qu'un des devoirs de l'inſtituteur eſt d'inſtruire ces enfans dans la profeſſion qu'il exerce.

Puiſque la première deſtination de l'enfant dépendra de celle de l'inſtituteur, voyons qui doit choiſir celui-ci. Sera-ce le Magiſtrat ? fera-ce le père ? fera-ce l'un & l'autre en même temps

Il feroit dangereux de laiſſer au père un pouvoir illimité à cet égard, il en pourroit réſulter deux inconvéniens très-graves. Le premier feroit de rendre inu-tiles toutes les meſures priſes par le Magiſtrat ſuprême d'éducation de la province, pour le choix des inſtituteurs des différentes communautés de cette province. Si, par exemple, dans une com-munauté où l'on a befoin de beaucoup d'a-griculteurs & d'un très-petit nombre d'ar-tifans, le Magiſtrat ſuprême avoit choiſi,

D 2

proportionnément à fa population & à fes intérêts, cent inftituteurs agriculteurs & dix inftituteurs artifans, il pourroit arriver que la plus grande partie des pères préférât les derniers, & alors il faudroit multiplier le nombre des inftituteurs arti-fans, & diminuer celui des inftituteurs agriculteurs.

Le fecond inconvénient, plus dange-reux fans doute que le premier, naît de la vanité des pères, & des illufions d'après lefquelles ils ont coutume de calculer les intérêts de leurs enfans. Les arts qui exigent un grand nombre de bras, font les plus néceffaires à la fubfiftance du peuple; mais en même temps ce font ceux qui donnent le moins de confidération aux hommes qui les exercent. Soit que la mul-tiplicité même, divifant entre un grand nombre d'individus la confidération qu'on a pour l'art, rende plus petite la portion qui appartient à chacun, foit parce que l'étude de ces arts n'exige que des quali-tés très-médiocres, & un court efpace de temps; il eft certain que l'exercice de ces arts ne procure pas la même confidération

que celui d'un art moins nécessaire &
moins commun. L'art le plus précieux à
l'État, c'est l'agriculture, & cependant
l'artisan le moins estimé est l'agriculteur.

Il y a plus ; il arrive souvent que, dans
les arts moins nécessaires, l'homme emploie ses bras beaucoup plus chèrement
que dans les arts qui font le plus indifpenfables. Un père, ne confultant que fa
vanité & fon prétendu intérêt, préfére-
roit pour fon fils les arts les moins néceffaires, fans faire attention qu'en multi-
pliant au delà du befoin une claffe d'artifans, non feulement on diminue les pro-
fits de chacun par la concurrence, mais
qu'une partie même de ces artifans doit
être condamnée à l'indigence, & que les
arts les plus néceffaires venant à dépérir,
le corps politique doit tomber dans une
véritable langueur.

Tels font les maux qui naîtroient de
la volonté arbitraire des pères. Ceux que
produiroit la volonté arbitraire des Magiftrats font également funeftes. Un père,
fixé dans une profeffion, trouve fouvent
un grand intérêt à y faire entrer fon fils.

Le feul avantage de pouvoir lui laiffer les
inftrumens de fon art, & l'inftruire des
petits fecrets, des moyens particuliers
de cet art, qu'il doit à une longue expérience, cet avantage fuffiroit pour le déterminer à cette deftination. Si, au lieu
de dépendre de fon père pour cet objet,
l'enfant dépendoit du Magiftrat, il arri-
veroit très-fouvent que le fils d'un riche
artifan feroit deftiné à l'agriculture, &
que le fils d'un agriculteur qui a un fonds
à cultiver, feroit deftiné à un art mécanique; & dans cette hypothèfe, l'un &
l'autre feroient privés d'une grande partie
des avantages de l'hérédité paternelle.
De ce défordre en naîtroit un autre.
Beaucoup de pères, pour ne pas s'expofer
à ce rifque, renonceroient aux avantages
de l'éducation publique; & la loi, malgré
tous fes encouragemens, trompée dans
fon attente, verroit une partie confidérable des individus de cette première claffe
exclue de l'éducation publique.

Après avoir profondément examiné
cette matière, je n'ai trouvé qu'un moyen
d'éviter les défordres qui, dans l'un

ou l'autre cas, accompagneroient cette première deſtination ; c'eſt de reſtreindre la volonté du Magiſtrat & du père, & de donner à l'un & à l'autre de l'influence ſur ce choix. Le père devroit avoir uniquement le droit de prétendre que ſon fils entrât dans ſa profeſſion. Le Magiſtrat auroit celui d'indiquer l'inſtituteur, ou de la profeſſion du père, ſi celui-ci vouloit faire uſage de ſon droit, ou de toute autre profeſſion, ſi le père renonçoit à ce droit.

Comme, ſuivant notre plan, le choix des inſtituteurs doit appartenir au Magiſtrat ſuprême de la province, & non au Magiſtrat particulier de la communauté ; que le nombre & la condition de ces inſtituteurs doivent être réglés par la population & les intérêts politiques de cette communauté ; que le nombre des enfans confiés à chaque inſtituteur doit être fixé par la loi : dans l'un & l'autre cas, la volonté du Magiſtrat particulier de la communauté, quant à la deſtination de l'inſtituteur, ſeroit limitée par les diſpoſitions antérieures du Magiſtrat ſuprême

D 4

& de la loi; toute sa volonté seroit res-
treinte à la faculté de choisir entre les
instituteurs qui n'auroient pas encore le
nombre complet d'enfans fixé par la loi(1).

_____

(1) La destination des enfans trouvés devroit être entierement subordonnée à la volonté du Magistrat suprême
d'éducation de chaque province; il portioa se servir de
cette liberté que la loi lui donneroit, pour les employer aux genres d'industrie qu'il conviendroit d'introduire ou d'étendre dans sa province.

Dans le cours de ce plan d'éducation, je ne ferai pas
une mention particuliere de cette partie des citoyens.
Comme ils doivent être admis à l'éducation publique à
l'âge de cinq ans, ainsi que tous les autres citoyens, il
ne doit y avoir aucune différence entre eux & les autres
enfans de la classe dont je parle. Il n'y auroit qu'une disposition particuliere à établir en leur faveur, relativement
à leur émancipation; époque à laquelle le Gouvernement devroit leur donner un secours pécuniaire, pour
pourvoir à leurs premiers besoins. Je ne puis déterminer
la valeur de ce secours, parce qu'il doit dépendre des
circonstances, des lieux, & des peuples où ce plan seroit
adopté.

Je crois devoir profiter de cette occasion, pour exprimer ici les vœux de mon cœur sur les moyens d'amélio-
rer l'éducation de ces malheureuses victimes du vice, de
la foiblesse, & de la misere. L'effrayante mortalité de
cette classe d'enfans a, dans plusieurs Gouvernemens de
l'Europe, réveillé la sensibilité publique sur cet impor-

On dira peut-être : Il eſt des communautés, même aſſez nombreuſes, qui,

---

tant objet d'adminiſtration. On cherche avec ſollicitude les moyens de remédier à cette grande calamité. Mais, il en faut convenir, tout ce qu'on a dit, tout ce qu'on a écrit à cet égard, eſt encore beaucoup inſuffiſant pour les amis de l'humanité.

Le mal eſt toujours reſté ſupérieur aux remedes, parce qu'on n'a pas encore trouvé le moyen de l'attaquer dans ſon principe. Si l'on veut conſerver la vie des enfans trouvés, il faut détruire leurs hôpitaux. Tant qu'un enfant à peine né ſera obligé de ſouffrir la fatigue d'un voyage, quelquefois de pluſieurs jours, pour être tranſporté à l'hôpital ; tant qu'il ſera abandonné à une nourrice forcée de partager ſon lait & ſes ſoins entre pluſieurs enfans ; tant qu'il devra reſpirer l'air infect & ſouffrir les autres incommodités de ces retraites, malgré toute l'attention & la vigilance du Gouvernement, la conſervation de ſes jours ſera une eſpece de prodige.

Je crois que, ſuivant le plan d'éducation que je propoſe, il ſeroit facile de prévenir tous ces abus. Dans chaque communauté, le Magiſtrat devroit prendre ſoin de tous les enfans trouvés qui ſeroient préſentés. Une famille choiſie par lui pour cet objet recevroit l'enfant, & le nourriroit les premiers jours. Le Magiſtrat feroit publier dans toute la communauté qu'il y a un enfant trouvé à nourrir ; la penſion, fixée d'avance, ſeroit connue de tout le monde, & elle ſeroit exactement payée à quiconque ſe chargeroit du ſoin de le nourrir : on la con-

dans telle espece d'industrie, ont à peine
besoin d'un seul ouvrier pour fournir à
leurs besoins. Il faudroit donc ou rejeter
toute sorte d'institution pour ces arts, ou
avoir un instituteur particulier pour un
seul éleve, ou multiplier inutilement les
membres de cette espece d'industrie,
trois abus également funestes, entre lesquels, d'après ce plan, le Législateur
seroit malheureusement obligé de choisir.

Cette objection auroit quelque force,
s'il étoit absolument nécessaire, d'après
mon plan, que tous les membres d'une

---

tinueroit pour les enfans mâles jusqu'à l'âge de cinq ans,
époque où ils doivent être admis à l'éducation publique; & pour les filles, jusqu'à l'âge de douze ans, parce
qu'on doit présumer qu'à cet âge, une jeune personne
peut, avec le fruit de son travail, pourvoir honnêtement
à sa subsistance. On ne peut douter que les fonds qu'on
emploie à l'entretien des hôpitaux des enfans trouvés,
ne suffisent pour payer toutes ces pensions, & faire les
autres dépenses nécessaires, parmi lesquelles on com-
prendroit le secours pour les enfans mâles, après leur
émancipation, & les dots pour les femmes. Ce genre de
dépense est assez généralement en usage chez toutes les
Nations où il existe des établissemens publics pour les
enfans trouvés.

communauté fuſſent élevés dans le même
lieu. Mais ſi ce plan embraſſe toutes les
parties d'un état, quel inconvénient y
auroit-il à établir dans toute la province,
pour toutes ces eſpeces de profeſſions,
un nombre déterminé d'inſtituteurs, proportionné au nombre des individus qu'il
conviendroit d'y faire entrer? Quel inconvénient y auroit-il à ce que les enfans qu'on
y deſtine allaſſent dans tel lieu de la province où l'un des inſtituteurs, pour cette
profeſſion, eſt autoriſé à donner, ſous la
protection des lois, la même éducation
qu'il donneroit dans toute autre partie de
l'Etat.

On devroit faire la même choſe dans
tous les cas où un père, voulant exercer
ſon droit relativement à la deſtination de
ſon fils, trouveroit le nombre des enfans
confiés à l'inſtituteur, pour la profeſſion
qu'il déſire, entièrement complet dans ſa
communauté : alors le Magiſtrat particulier en feroit part au Magiſtrat ſuprême de
la province, qui, ayant un regiſtre exact
de toute la diſtribution des enfans de ſa
province, confieroit l'enfant à l'inſtituteur

de cet art, qui n'auroit pas encore le nombre d'enfans fixé par la loi.

Après avoir réglé de cette manière la
première deſtination des enfans; après
avoir renfermé dans de juſtes limites la
volonté des pères & celle du Magiſtrat,
& prévenu les objeſtions qu'on pouvoit
faire à ce ſujet, il faut en prévenir une
autre, qui eſt plus importante. Comment
concilier, dira-t-on, ce ſyſtême de diſtribution avec la liberté qu'on doit laiſſer au
talent? L'enfant que vous deſtinez à cet
art y ſera inférieur; un autre y ſera ſupérieur; celui-ci annoncera un goût particulier pour une profeſſion différente de
celle à laquelle il ſe trouve deſtiné. Celui-ci manifeſtera les plus rares diſpoſitions pour être utile à la ſociété par les
talens de ſon eſprit. Tous ces enfans
pourroient un jour être précieux à l'Etat
dans une deſtination plus analogue à leurs
talens, & ils feront ſûrement inutiles
dans celle où vous les faites entrer ſans
conſulter leur choix. A l'âge de cinq ans,
ni le Magiſtrat, ni le père ne pouvoient
découvrir dans leur enfant de telles diſ-

pofitions, elles fe font manifeftées dans leur adolefcence. Qui les fecondera ?

Mais qui les feconde aujourd'hui ? pourrois-je répondre à mon tour. Combien d'Agriculteurs, combien d'Artifans auroient été propres à l'adminiftration de l'Etat ! combien de Magiftrats, combien de Miniftres étoient nés pour cultiver la terre, ou travailler dans un atelier ! Cet inconvénient, effet néceffaire de l'état focial, ne diminueroit-il pas plutôt que de s'accroître dans ce plan d'éducation publique ? Quand même je ne propoferois aucun remede pour ce mal, l'éducation *morale* & *fcientifique* qui doit avoir lieu pour tous les individus de cette première claffe, l'affoibliroit affez d'elle-même. Dans l'état actuel des chofes, le fils d'un Agriculteur & d'un Artifan né avec des difpofitions marquées pour devenir un grand Ecrivain ou un Magiftrat illuftre, trouveroit-il dans la maifon paternelle, pour feconder fes difpofitions, les fecours qui lui feront offerts dans le fyftême d'éducation que je propofe ? Trouveroit-il, dans un père ignorant, &

une mère imbécille, les inſtructions d'un Magiſtrat éclairé ; inſtructions qui, en même temps qu'elles doivent l'éclairer ſur ſes devoirs, exciteront dans ſon ame de grandes paſſions, & lui inſpireront cette noble fierté ſi difficile à concilier avec l'abjection de ſon état. En maniant la bêche & la hache ſous les yeux d'un père, en proie à l'ignorance & aux erreurs, environné d'hommes vicieux & vils, n'ayant ſous les yeux que le ſpectacle de l'indigence & de l'oiſiveté, trouvera-t-il quelqu'un qui féconde ſon eſprit, & qui le diſpoſe à la vertu, comme il le trouvera dans l'éducation du Magiſtrat & de la loi ? A l'âge de dix-huit ans, le fils de l'Agriculteur & de l'Artiſan, inſtruit dans la profeſſion de ſon pere, & élevé ſuivant ce plan d'éducation publique, n'aura-t-il pas moins d'erreurs & moins de préjugés, plus de reſpect lui-même, plus d'énergie, plus de véritable inſtruction, que n'en ont aujourd'hui la plupart des jeunes gens, je ne dis pas de la première claſſe, mais de la ſeconde ? Nous pouvons donc répondre à cette objection, en prouvant que le mal dimihuera beaucoup. Mais il ne faut pas nous contenter de ce léger triomphe. Après avoir montré que les obſtacles qu'on oppoſe à la liberté des talens, ſont plus forts dans l'état actuel des choſes, qu'ils ne le ſeroient dans notre plan d'éducation publique, voyons comment ceux qui reſteroient pourroient être encore diminués & affoiblis. Voici le moyen que j'ai imaginé.

Une des fonctions du Magiſtrat particulier de chaque communauté devroit être d'obſerver, dans le cours de l'éducation, ſi, parmi les enfans des diverſes claſſes ſecondaires, il en eſt qui ne ſemblent pas propres à l'art auquel on les deſtine, & s'il en eſt d'autres qui manifeſtent de grandes diſpoſitions pour un autre art, ou qui ſoient propres à être utiles à la ſociété par les talens de leur eſprit. Si la première deſtination de l'enfant dépend du père, le Magiſtrat ne pourra rien faire avant d'avoir perſuadé celui-ci de la néceſſité de donner une autre deſtination à l'enfant, & d'avoir obtenu ſon conſentement. Si cette deſtination ne dépend pas du père, ou ſi celui-

ci a donné fon confentement, le Magiftrat
de la communauté fera obligé d'avertir
le Magiftrat fuprême de la province du
réfultat de fes obfervations. Comme ce
Magiftrat fuprême fera obligé de vifiter,
au moins deux fois par an, les différentes
communautés de fa province, dans le
cours de fa vifite, il examinera les obfervations du Magiftrat de la communauté;
& s'il les trouve juftes, il procédera au
changement de deftination. Il n'y auroît
aucune difficulté à faire paffer un homme
d'un art mécanique à un autre; mais il
ne feroit pas facile de le faire paffer de
l'éducation de la première claffe à celle
de la feconde, attendu les dépenfes de
l'entretien. Dans notre plan, les dépenfes pour l'éducation de la première claffe
font, comme nous avons dit, au compte
du Gouvernement; mais celles de la feconde font à la charge des individus qui
en profitent. Le fils d'un pauvre Agriculteur, qui montre les plus grandes difpofitions pour fervir la patrie par les talens
de fon efprit, trouvera-t-il quelque part
les moyens de fournir à ces dépenfes?
　　　　　　　　　　　　Pour

Pour obvier à ce mal, je crois qu'on
pourroit établir une caiffe d'éducation
dont chaque province auroit une portion déterminée, pour faire élever dans le
fyftême d'éducation de la feconde claffe ,
un égal nombre d'enfans de la premiere.
Ce nombre devant être limité, le Magiftrat fuprême feroit chargé de choifir
entre les enfans de la premiere claffe ceux
qui donnent de plus grandes efpérances.
Cette caiffe feroit formée avec l'excéder.
des revenus publics deftinés à l'éducation
du peuple. On verra la poffibilité d'établir cet ordre de chofes , lorfque je parlerai des moyens de pourvoir aux frais de
ce plan d'éducation publique.

Enfin, pour ne rien négliger dans un
plan auquel je cherche à donner l'évidence qu'exige la grandeur de l'objet,
j'obferverai que , parmi les Arts & Mé-
tiers dont la fociété a befoin, il en eft
quelques-uns qui n'exigent, pour ainfi
dire , aucune efpèce d'inftruction, & que
chaque homme qui a quelque vigueur &
quelque ufage de fes propres forces , peut
remplir, après peu de jours d'exercice ;

avec la même perfection que celui qui
s'en occupe depuis un grand nombre d'années. Il n'eſt donc pas néceſſaire de donner des inſtituteurs pour ces Arts & Mé-
tiers, & d'y deſtiner tel ou tel enfant,
puiſque chacun a la liberté d'entrer dans
ces profeſſions, toutes les fois qu'il le
voudra, après être ſorti de l'éducation
publique. Il aura alors l'avantage de pouvoir porter avec lui le talent d'un autre art,
qu'il ne pourroit apprendre avec la même
facilité. Ces profeſſions ſeront encore la
reſſource de tous ceux qui n'ont pu réuſſir
dans celles auxquelles ils avoient été deſtinés dès l'origine. Telle ſera, par exemple, la reſſource des Voituriers, des Domeſtiques, de tous ceux, en un mot, qui
exercent des profeſſions qu'un homme
peut entreprendre en tout temps, pourvu
qu'il n'ait pas entièrement perdu l'uſage
de ſa raiſon ou de ſes forces.

Après avoir réglé la deſtination & la
diſtribution des enfans dans cette première
claſſe, développons quelques idées ſur
la partie phyſique de leur éducation.

CHAPITRE IX.

Idées générales sur l'éducation physique de la première classe.

L'HOMME a tout perfectionné ; ses mains, sa raison, & son instinct de sociabilité lui ont donné une forte d'empire sur toute la Nature. Les êtres qui végètent, & ceux qui vivent ; ceux qui sont cachés dans les entrailles de la terre, & ceux qui sont répandus sur sa surface, tout nous annonce également le pouvoir de l'Etre supérieur, qui est l'émule de la Nature, & qui en perfectionne les ouvrages. Puissant sur tout ce qui l'approche & l'environne, cet être prodigieux ne sera-t-il donc foible & impuissant que sur lui-même ? Ne pourra-t-il perfectionner son espèce, comme il a perfectionné les autres espèces d'animaux.

L'Histoire fait cesser ce doute que l'état actuel des choses nous inspire. Il faut renoncer à toute certitude historique, pour douter que le physique de l'homme

ait reçu chez quelques peuples ce perfectionnement dont aujourd'hui nous sommes
si éloignés. Le Crétois, le Spartiate, le
Romain ne sembleroient-ils pas aujour-
d'hui des hommes d'une espèce différente de la nôtre ? Au milieu d'un mil-
lion quatre cent mille mercenaires armés,
quel est parmi nous le guerrier qui pourroit se plier aux exercices de la phalánge
grecque, ou de la légion romaine ? Est-
il dans toutes nos armées un seul homme
qui pût supporter seulement le poids de
leurs armes, qui pût résister à leurs lon-
gues & fatigantes marches ? Il suffit de
lire dans le huitième Dialogue de Platon
sur les lois, la description des exercices
gymnastiques qu'il propose , pour voir
jusqu'où s'étendoit cette différence, &
comment elle étoit en entier l'ouvrage
du Législateur. Entre les maux que nous
devons attribuer à la découverte de la
poudre , il faut sans doute compter l'indifférence des Législateurs, relativement
au physique des hommes. Lorsque l'idée
de la guerre excitoit celle d'une lutte,
où les hommes étoient exercés comme
êtres intelligens, & non comme machi-

nes; lorfque fur la mer comme fur la
terre, les hommes luttoient corps à
corps, & fe défendoient de l'épée & de
la main; lorfque le foldat voyoit & tou-
choit celui à qui il donnoit ou dont il re-
cevoit la mort; lorfque les armes dont
on fe fervoit n'excluoient ni la force, ni la
dextérité, mais l'exigeoient & la fecon-
doient; alors, comme la force, l'énergie,
& la dextérité des individus avoient la
plus grande part dans l'iſſue de la guerre,
la perfection phyfique des corps devenoit
le principal inftrument de la sûreté ou de
l'ambition des peuples, & par conféquent
le principal objet des foins du Légiflateur.

Mais aujourd'hui qu'on a donné à des
machines l'énergie des hommes, & qu'on
a transformé les hommes en machines;
aujourd'hui que les vrais foldats font le
fufil & le canon; aujourd'hui que le foldat meurt fans favoir qui le tue, évite,
pourfuit ou attaque des êtres qu'il ne voit
pas & qu'il ne touche pas; qu'il reçoit
également la mort de la main du plus
foible, comme de celle du plus fort;

aujourd'hui enfin que la guerre a changé
de face , les Légiſlateurs ont tourné vers
la perfeƈion des armes , des ſoins qui au-
trefois étoient dirigés vers la perfeƈion
de l'homme.

A la revue des corps qui ſe faiſoit chez
les Grecs , a été ſubſtituée celle des armes (1) ; & pourvu que celles-ci ſoient en
bon état , l'inſpeƈeur moderne , bien différent de l'ancien , jette à peine un coup
d'œil ſur la force & l'énergie du bras qui
doit les employer.

Il n'eſt donc pas vrai que l'eſpèce humaine ſoit le ſeul objet ſur lequel l'homme ne puiſſe exercer ſon pouvoir. Il n'eſt
pas vrai qu'il ne puiſſe perfeƈionner ſon
phyſique comme il pourroit perfeƈionner ſon moral. Corrigeons l'éducation ,

---

(1) Elien nous a conſervé une loi de Sparte ſur ce
ſujet. *Adſcriptum etiam hoc erat in lege ut decimo quo-*
que die ephebi ad unum omnes ſe coram Ephoris nudos
publicè ſiſterent ; ac ſi eſſent ſolidâ corporis habitu-
dine , validique , & quaſi ſculpti ex certaminibus , &
tornati , commendabantur : ſin aliquod membrum illis
eſſet turgidum vel molle , ob ſuppoſitam & ſubcreſcen-
tem ex otio pinguedinem , verberabantur & mulƈa-
bantur. (Vid. Æl. Var. Hiſtor. lib. 14. cap. 7.) Vid.
etiam Athenæ. lib. 12.)

corrigeons les mœurs , corrigeons les
lois , & le corps du citoyen se perfection-
nera avec son esprit; & si , par ce moyen,
un peuple ne peut avoir aujourd'hui , sur
le champ de bataille , cette supériorité
qu'il auroit eue dans d'autres temps , il en
aura une plus précieuse en temps de paix;
il sera moins pauvre, & plus heureux.

Pour rapporter à cet objet l'éducation
physique de cette première classe , je crois
que le Légiflateur devroit la diriger sur
le plan suivant.

ARTICLE Ier.

De la Nourriture.

La quantité & la qualité des alimens
ayant une grande influence sur le physique
& sur le moral de l'homme , & une plus
grande encore sur le développement des
facultés intellectuelles de l'enfance , le
Légiflateur ne doit pas négliger de régler
cette partie de leur éducation physique.
L'éducation publique lui offre un moyen
sûr d'y parvenir ; c'est même là un des
plus grands avantages de cette éducation.

Le choix de la qualité & de la quantité
des alimens dépendant beaucoup du climat & de la nature de chaque pays, je ne
pourrois entrer dans de grands détails fur
cet objet, fans m'éloigner de la généralité
de mon plan. Je laifferai aux Médecins
qui ont les vraies connoiffances de leur
état, fans en avoir les préjugés, le foin
de fuppléer en chaque contrée à l'imperfection néceffaire de cette partie de mon
plan ; j'établirai feulement les principes
qui me paroiffent fufceptibles d'une application générale.

Comme les enfans ont une digeftion
plus facile, & un plus fréquent befoin
d'alimens, on ne pourroit leur en refu-
fer, fans contrarier le vœu de la Nature.
On doit donc leur donner du pain à chaque moment où ils en demandent. Un
enfant, dit Locke (1), qui fe contente
de cette nourriture, montre affez que
fon befoin eft réel. Chez les payfans, la
huche eft toujours ouverte aux enfans,
& ils n'ont jamais de ces indigeftions fi
communes aux enfans des villes, fur-
tout àc eux des claffes diftinguées, qui,

---

(1) Traité fur l'éducation, fect. 1.

prefque toujours contraints dans leur ap-
pétit, fe raffafient fans mefure toutes les
fois qu'ils en trouvent l'occafion. Entre le
dîner & le fouper, il faudroit établir deux
autres repas, qui confifteroient en fruits
de la faifon & du pays, mêlés avec du
pain. Le dîner devroit auffi être compofé
d'un & quelquefois de deux plats de viande
& de fruits, & une foupe de pain bien
cuit, fuffiroit au fouper.

Les alimens du dîner devroient être
d'herbes, de légumes, de pâtes, de
poiffon & de viande. Ce dernier aliment
ne feroit pas donné tous les jours, pour
ne pas accoutumer les enfans à un befoin
que, dans la maturité de l'âge, ils ne pourroient peut-être pas fatisfaire auffi fréquemment; & entre les différentes efpèces de viande, il faudroit toujours préférer celles dont les fibres font plus fortes.
Moins délicates que les autres, elles
fortifient l'eftomac, en exigeant une plus
grande trituration. Quelques perfonnes
croient qu'il feroit utile de ne pas accoutumer les enfans à l'ufage de la
viande. L'éloquent traité de Plutarque,

fur la manière de vivre des Pythagori-
ciens, n'a pas peu contribué à augmenter
le nombre des partifans de ce régime (1).

Des hommes éclairés, & de favans
Médecins croient que l'ufage modéré de
cet aliment peut contribuer à la force du
corps, pariculierement dans les enfans.
Cette opinion n'eft pas neuve, puifque
nous voyons que Lycurgue avoit permis, & même preferit aux enfans l'ufage
de la viande qu'il avoit défendu aux adultes (2).

_____

(1) L'Auteur d'Emile eft de ce nombre. *Voy.* liv. 2,
Je ne fuis pas furpris que ce grand Ecrivain ait adopté
cette opinion, mais je le fuis beaucoup qu'un fi profond·
penfeur foit tombé dans l'erreur commune aux hommes
fuperficiels; c'eft-à-dire, qu'il ait déduit d'une feule caufe
ce qui eft l'effet de plufieurs caufes combinées. Il attribue
au grand ufage de la viande la *barbarie angloife* & celle
des fauvages, & à l'abftinence de cet aliment, l'extrême
douceur des Gaures & des Banians. Combien de caufes
phyfiques, morales & politiques ont concouru & concourent à produire cet effet ! Pourquoi l'humanité & la
douceur font-elles des qualités fi rares dans les claffes
d'individus chez lefquels cette abftinence eft un précepte
de leur inftitut ! On fe tromperoit beaucoup moins, fi,
au lieu d'attribuer plufieurs effets à une feule caufe, on
attribuoit plufieurs caufes à un feul effet.

(1) *Inter opfonia prima laus erat juri nigro : quare*

L'uniformité d'alimens devroit être
profcrite pour deux raifons qui me femblent évidentes ; la première, pour ne pas
accoutumer à une feule nourriture l'eftomac d'un homme à qui le défaut de cette
nourriture pourroit devenir un jour extrêmement nuifible. Un des plus grands foins
de l'éducation doit être de diminuer , &
non de multiplier les befoins. Or l'uniformité d'alimens feroit contraire à ce principe. La feconde raifon fe déduit d'une
obfervation de médecine, dont la juftefle
eft conftante. On a obfervé que la variété
des alimens fimples fait un meilleur chyle
que l'ufage continuel du même aliment ,
quelque bon qu'il foit, parce que les alca-

---

carnibus non indigebant majores natu, fed eas per-
mittebant junioribus , ipfi decuriati jure vefcebantur.
(Plut. Inftit. Laconicis id. in vitâ Lycurgii.)

Dans les pays extrêmement chauds, on pourroit faire
une exception à la regle relative à l'ufage avantageux
de la viande. Comme dans ces pays les humeurs du
corps fe tournent aifément en alcalis, les végétaux font
une nourriture plus falutaire que la viande. La Nature
même nous indique cette exception , puifque , dans le
temps de la canicule nous fommes moins difpofés à
manger de la viande que dans l'hiver.

lis & les acides dominant plus ou moins
dans les divers alimens , les fucs des uns
fe combinent avec le réfidu ou fédiment
des autres qu'ils tranfportent dans les in-
teftins , & débarraffent ainfi l'eftomac
des précédentes digeftions. On a obfervé
que les hommes qui ont l'habitude de fe
nourrir d'un feul aliment , font plus expofés aux maladies d'humeur que ceux
qui en prennent de plufieurs efpeces; &
l'on attribue cet effet au défaut de cette
combinaifon.

En propofant la variété des mets fimples , je fuis bien éloigné de confeiller
l'ufage des alimens compofés. Outre qu'on
ne doit pas accoutumer à une nourriture
recherchée la claffe d'hommes dont je
parle , cette efpèce d'alimens eft elle-
même très-funefte pour la fanté. Les vian-
des trop délicatement apprêtées & l'u-
fage des épiceries devroient être profcrits de ces repas de l'éducation. On doit
dire la même chofe des liqueurs , & de
tout ce qui met le fang dans une trop
forte agitation. Le vin feul , diftribué avec
une fage économie, pourroit être excepté,

Un favant Médecin, digne de la célébrité dont il jouit (1), a démontré la falutaire influence de cette boiffon fur les enfans ; & a attaqué la prévention contraire où l'on étoit à cet égard, & qui avoit pour appui l'opinion de Platon (2), de Locke (3), & de Rouffeau (4).

Quant à l'ufage de l'eau, on devroit le permettre toutes les fois que l'impérieux befoin de la Nature l'exige. Le préjugé contraire a été combattu jufqu'à l'évidence, & j'ai affez de confiance dans les lumières du fiècle, pour me croire difpenfé de démontrer des vérités déjà prouvées.

ARTICLE II.

Du Sommeil.

Le meilleur cordial, dit Locke, que

---

[1] Tiffot.

(2) Platon vouloit qu'on interdît aux enfans l'ufage du vin jufqu'à l'âge de 18 ans. *Voy.* le Dialogue 2 *de legibus.*

(3) Locke, de l'Educat. fect. 1. chap. 1.

(4) Emile, liv. 2.

la Nature ait préparé pour l'homme, c'eft
le fommeil (1); c'eft lui en effet qui ré-
pare nos forces , qui rétablit nos facultés phyfiques & morales, qui fufpend &
adoucit les anxiétés inféparables de la
condition humaine. Néceffaire au vieil-
lard , au jeune homme , & à l'enfant ,
on n'eft pas obligé de lui confacrer le
même temps à tous les périodes de la
vie. Les vieillards, chez qui la diminution
des forces eft compenfée par l'inertie
naturelle à cet âge , n'ont pas autant
befoin de repos que les jeunes gens,
chez qui le développement des forces
eft accompagné d'un mouvement proportionné; les jeunes gens, à leur tour , ont
moins befoin de fommeil que les enfans ,
dont la foibleffe eft jointe à une mobilité
extrême.

L'enfance eft donc l'âge de la vie où
un long fommeil eft le plus néceffaire. La
Nature nous l'indique avec évidence ,
& nous devons fuivre fes lois. On pref-
crira dix heures de fommeil par jour à

_____

(1) De l'Educat. fect. 1. §. 23.

chaque enfant de la première claffe, &
on abrégera ce temps à proportion qu'il
avancera en âge, jufqu'à ce que l'on puiffe
le reftreindre à fept heures, dans la dernière année de l'éducation.

La nuit feule fera confacrée au repos,
& l'on défendra dans cette claffe le fommeil de l'après-dîné, en quelque faifon
que ce foit. Un ufage contraire s'oppoferoit à la deftination commune des enfans de cette claffe.

D'autres motifs doivent encore engager à fixer de grand matin l'heure du réveil. Les enfans devroient fe lever à cinq
heures pendant l'hiver, & à quatre heures
pendant l'été. L'air du matin eft plus propre à donner de l'énergie au corps & à
l'efprit, lorfqu'on a joui d'un repos fuf-
fifant. Le vif degré d'élafticité qu'il
communique à la fibre, fortifie l'organe
de la vue. La journée devient plus longue, & offre une plus grande carrière aux
occupations qui doivent la remplir, lorfqu'on n'en confacre aucune partie au fommeil. Les enfans accoutumés à fe coucher de bonne heure, auront un obftacle

de plus à furmonter, lorfqu'ils feront parvenus à cet âge où ils doivent être tentés de confumer la nuit dans les diffipations des plaifirs dangereux, & l'on aura par conféquent l'avantage de les habituer au genre de vie qui eft le plus conforme à la nature de leur deftination. On défendra aux perfonnes chargées de leur furveillance d'employer, pour les réveiller, un bruit trop fort ou trop effrayant: on fent aifément les motifs de cette défenfe (1).

La dureté des lits n'en doit pas être une qualité exclufive; il ne faut exiger à cet égard qu'une chaleur modérée (2) & une grande propreté. Un manteau groffier formoit le lit des jeunes Spartiates (3), & l'on fait qu'ils devenoient

_____

(1) Le père de Montaigne, perfuadé de cette vérité, ne faifoit jamais réveiller fon fils qu'au fon de quelque inftrument agréable. (Effais, liv. 1. ch. 25.)

(2) Je dis une *chaleur modérée*, parce que les tranfpirations abondantes nuifent aux enfans, en affoibliffant leur corps.

(3) Platon fe fert du mot ασρωσια, *inftratum*, *lectum*, pour défigner la manière de dormir des jeunes Spartiates.

très-

très-forts & très-vigoureux. Locke attribue à l'ufage des lits trop mous une foule
de maladies que l'excès même de leur
dureté ne feroit jamais naître (1). Ce feroit même une très-grande erreur que
d'accoutumer les enfans de cette claffe
à des commodités & à des befoins qu'ils
ne pourroient plus fatisfaire en entrant
dans la fociété. Le paffage d'une vie auftère à une vie agréable eft facile, mais le
paffage contraire ne s'achète que par la
perte de la fanté & du bonheur.

ARTICLE III.

Du Vêtement & de la Propreté.

La peau de l'homme, unique vêtement
que la Nature lui ait donné, pourroit lui
fuffire, fi elle étoit endurcie aux impreffions de l'air. L'exemple de plufieurs peu-

---

(Dialog. 1 de leglb.) Juftin. lib. 3, dit *ftatuiffe Licur-
gum nihil ut fomni caufa fubfterneretur.*

(1) De l'éducation, fect. 1. §. 13.

ples, & la fameuse réponse du Scythe
Anacharsis, montrent qu'il seroit possible
d'accoutumer le reste du corps, comme
le visage, à toutes les influences de l'at-
mosphère. Je ne prétends pas ramener
les hommes à leur état de nudité primi-
tive, ni les priver des jouissances que le
progrès de la société & la perfection
des Arts leur procurent; je désirerois seulement que l'homme, en profitant des secours de l'industrie humaine, ne renonçât
pas à ceux de la nature, afin que, lorsque
les premiers viennent à lui manquer, les
autres ne fussent pas nuisibles pour lui.

Pourquoi donc accoutumer les enfans, principalement ceux de cette
classe, à avoir toujours leurs pieds enve-
loppés d'une peau de veau ou de chèvre?
En les habituant à aller pieds nus,
les priverons-nous de la commodité de
marcher avec des souliers, lorsqu'ils seront sortis de l'enfance? Mais en com-
mençant par là, s'ils viennent quelquefois à manquer de cette ressource, leurs
pieds amollis, pourront-ils soutenir les
fatigues d'une route longue & difficile?

Les pieds des enfans de cette première claſſe ſeront donc nus ; un long & large caleçon de toile couvrira leurs cuiſſes & leurs jambes ; le reſte du corps ſera couvert d'une chemiſe groſſière, qu'il changera ſouvent, & d'une large veſte de laine ou de coton, qui, ſe terminant à la ceinture, s'accrochera pardevant, ſans avoir beſoin d'aucun autre lien. Ils pourront, dans l'hiver comme dans l'été, ſe dépouiller de cette veſte, toutes les fois qu'ils le voudront, & ils l'abandonneront lorſque leur ſurveillant le leur preſcrira, d'après les inſtructions qui leur ſeront données ; leur tête ſera garantie du ſoleil & de la pluie par un bonnet de cuir ; & pour prévenir la perte de temps que pourroit occaſionner le ſoin de leur coiffure, on coupera leurs cheveux à meſure qu'ils croîtront, & on aura ſoin chaque jour d'entretenir la propreté de leur tête. Le viſage, les mains, & les pieds devront au moins une fois par jour être lavés dans de l'eau froide en préſence du ſurveillant ; le reſte du corps ſera lavé les jours deſtinés aux leçons de natation.

Le furveillant accoutumera les enfans à nettoyer le lieu de leur demeure, & à y entretenir la propreté néceffaire. Il fe fervira du fecours des plus âgés d'entre eux, pour aider les plus petits, & il les préparera ainfi à devenir de bons pères de famille.

On ne peut aff*z infpirer aux enfans le goût de la prop té, foit pour leur corps, foit pour leu habitation. Cette influence ne fe borne p s au phyfique de l'homme; elle s'étend fur fon moral, & la plus légère expérience fuffit pour en faire fentir la néceffité.

ARTICLE IV.

Des Exercices.

Le befoin de fe mouvoir conftitue une grande partie de l'exiftence phyfique des enfans; c'eft un don que leur fait la Nature dans cet âge d'accroiffement, où les fibres ont befoin d'une action plus forte pour s'alonger & s'étendre, & concourir au développement général de la machine. Toutes les fois que ce mouvement sera retardé ou arrêté, les digestions deviendront imparfaites, le chyle sera mal préparé, l'accroissement en souffrira. Ministre de la santé & de la vie, la Nature nous indique les moyens, & l'homme orgueilleux ou stupide méprise ses leçons ou ne les entend pas, & substitue aux lumières de l'instinct les erreurs d'une fausse raison. Eloignons-nous de cette route. Ecoutons les préceptes de la Nature, secondons ses desseins, suivons ses traces, concourons à ses fins par les moyens qu'elle nous prescrit, & servons-nous de ses propres instrumens pour perfectionner son ouvrage.

Tous les exercices propres à fortifier le corps doivent être non seulement permis, mais ordonnés par la loi. Dans les heures destinées à cet objet, les enfans de cette classe feront à leur tour invités à courir, à sauter, à grimper sur les arbres, à lutter ensemble, à élever des poids, à les transporter (1), à éprouver & exercer

(1) Excepté sur la tête : comme elle est le siége de

F 3

leurs forces de différentes manières ; en un mot, à accroître la force & l'agilité de leurs membres, & à douer leurs corps de cette énergie qui s'ufe & s'éteint dans la langueur de l'inaction.

Pour donner à ces exercices l'avantage d'une utile émulation, de l'efprit de fociété, & d'une fecrète mais néceffaire direction, le Légiflateur ordonnera que dans les heures deftinées à ces exercices, tous les enfans foient conduits dans le même lieu par leurs furveillans refpectifs, & mêlés enfemble fans aucune forte de diftinction.

Le Magiftrat de la Communauté préfidera à ces exercices ; en fon abfence, ce fera le plus ancien des furveillans. Quelques légères récompenfes, toutes en figne de diftinction & d'honneur, donneront au Magiftrat le moyen d'exciter

---

tous les nerfs, fi on la chargeoit d'un poids un peu confidérable, on comprimeroit les vertèbres du col, & le poids n'étant pas perpendiculaire, l'épine du dos pourroit fléchir d'un côté, & la moelle alongée en fouffriroit beaucoup. Les furveillans empêcheront donc les enfans de porter des poids fur leur tête.

les exercices qu'il croit les plus utiles,
fans ôter aux enfans la liberté de fe di-
vertir à leur gré, & elles feront naître en
même temps l'amour de la gloire dans
des cœurs naiffans, qui ne fe font encore
ouverts à aucune paffion vile (1).

Ni la pluie, ni la neige, ni la gelée ;
ni les vents, ni les ardeurs de l'été, ni
les frimas de l'hiver, ne fufpendront ces
exercices fi utiles & fi agréables; ils feront même alors plus avantageux, parce
qu'ils accoutumeront de plus les enfans
aux intempéries de la faifon & à toutes
les altérations de l'air. Chaque furveillant
aura foin de les faire bien reffuyer, lorfqu'ils feront de retour chez eux, & ce
fera la feule circonftance où l'on permettra aux enfans de s'approcher du feu.

Il n'eft rien qui rende l'homme plus

---

(1) *In omnibus enim ludendo conari debemus , ut eô*
voluptates & cupiditates puerorum vertamus, quò eos
tandem pervenire cupimus. Caput autem difciplinæ
reétam educationem dicimus, quæ ludentis animum in
amorem præcipuè illius perducit , quod virili ætate
perfeéte fit comparata virtute artis ejus jam aéturus.
Plato de legib. dialog. 1.

F 4

délicat , plus mou , plus pefant , plus non-
chalant, moins propre à réfifter au froid ;
qui relâche autant la fibre ; qui lui ôte
davantage ce ton néceffaire à fon action ,
qui occafionne plus de rhumes & d'autres
maux de ce genre , que l'ufage immodéré
du feu. La Nature nous a pourvus d'un
moyen infaillible pour nous délivrer des
rigueurs du froid , c'eft le mouvement.
Nous fommes en effet plus difpofés au
mouvement pendant l'hiver , & plus en-
clins au repos pendant l'été. Dans les enfans , fur-tout dans ceux de cette claffe ,
il eft aifé de fatisfaire ce befoin par le
moyen que nous indiquons.

Revenant aux exercices qui font l'objet de cet article , je crois ne devoir pas
oublier la natation. Le proverbe connu
des Latins & des Grecs , nous montre
combien la connoiffance de ces arts leur
étoit familiere , & combien il étoit honteux de l'ignorer(1). Dans toutes les com-

_____

(1) *Nec litteras didicit, nec natare.* Il y avoit auffi
un proverbe femblable chez les Grecs , pour défigner un
ignorant.

munautés où le voifinage de la mer & des
rivières permet de fe livrer à cet exercice,
on devroit le prefcrire une fois par femaine. Dans l'été comme dans l'hiver,
on devroit, aux jours fixés, apprendre
ou exercer cet art ; mais il ne faudroit
commencer cette inftruction que l'été ; par
ce moyen, l'enfant s'accoutumeroit peu
à peu à l'impreffion du froid, & il fe pré-
pareroit à braver les eaux glacées de
l'hiver.

Cet exercice donneroit au corps la
plus grande énergie ; car on fait que l'u-
fage feul des bains froids a donné aux
hommes les plus délicats la vigueur des
hommes les plus robuftes (1).

A cet avantage je joindrai celui d'apprendre aux enfans un art dont l'ignorance
a coûté & coûte chaque jour la vie à un fi
grand nombre d'hommes, & celui d'entretenir la propreté du corps, fi utile à
la fanté, & à l'énergie de l'ame.

Cet exercice, qui auroit lieu chaque
femaine, feroit accompagné d'un autre.

------

(1) Locke, traité de l'éducation, fect. 1. liv. 8.

Le profond Auteur d'Emile (1) a développé les avantages de cet exercice, dont il
doit peut-être l'idée à l'un des plus grands
obfervateurs de la Nature, & des plus
illuftres écrivains de la France (2). Il
confeille l'ufage des jeux nocturnes, plus
véritablement utiles, felon lui, qu'ils ne
le font en apparence. La nuit effraye naturellement les hommes, & quelquefois
les animaux. La raifon, les connoiffances,
l'efprit, le courage, mettent peu d'hommes à l'abri de cette crainte. On attribue
cet effet aux contes des nourrices, & on fe
trompe. Il y en a une caufe naturelle; c'eft
la même qui rend les fourds défians, & le
peuple fuperftitieux ; l'ignorance des chofes qui nous environnent, & de ce qui arrive près de nous. Accoutumés à découvrir de loin les objets, & à prévoir d'a-
vance les impreffions qu'ils doivent faire
fur nous, lorfque nous ne voyons pas
& que nous ne pouvons voir ce qui
nous environne, notre imagination

---

(1) Emile, liv. 2.

(2) *Voy.* et 1. on, Hift. Nat. tom. 6. édit. in-12.
l'endroit où il p : de l'origine des fpectres.

s'échauffe, nous repréfente mille objets, mille mouvemens, mille accidens
qui peuvent nous nuire, & dont il eſt impoſſible de ſe garanrir. Quelque idée que
l'on ſe faſſe de ſa ſûreté dans le lieu où
l'on ſe trouve, on n'en eſt jamais auſſi certain que ſi l'on pouvoit en juger par ſes
propres yeux.

On a donc toujours, pendant la nuit,
un motif de crainte que l'on n'auroit pas
eu dans le jour. Au moindre bruit dont
on ne peut diſtinguer la cauſe, le beſoin
de ſa conſervation force de ſe mettre en
état de défenſe, de ſurveillance, & par
conſéquent de crainte & d'effroi. N'en-
tend-on aucun bruit, on n'en eſt pas pour
cela plus tranquille, parce qu'on ſait que
ſans bruit on peut être ſurpris. Pour ſe
raſſurer contre ce ſilence, il faut pouvoir
ſuppoſer les choſes telles qu'elles étoient
d'abord, telles qu'elles ſont; il faut voir
ce qu'on ne peut voir en ce moment.
Forcé de mettre en mouvement ſon imagination, on finit par n'en plus être le maître, & tout ce qu'on fait pour ſe raſſurer
ne ſert qu'à épouvanter davantage. Les

motifs de sûreté font dans la raison, &
ceux de crainte dans l'inftinct, qui a plus
de puiffance qu'elle.

A cette caufe s'en joint une autre.
Lorfque, par des circonftances particulières, nous ne pouvons avoir des idées
juftes des diftances, & lorfque nous ne
pouvons juger des objets que par la grandeur de l'angle, ou plutôt de l'image
qu'elles forment fur notre organe, nous
devons néceffairement nous tromper
fur la grandeur réelle de ces objets.
Tout homme qui a voyagé de nuit, a
éprouvé qu'un arbriffeau qui étoit près
de lui, reffembloit à un grand arbre éloigné, & que celui-ci à fon tour reffembloit
à un arbriffeau placé à une certaine diftance. Si les ténèbres, ou d'autres circonftances ne lui permettoient pas de
diftinguer les objets par leurs formes, il
fe fera trompé, non feulement fur la
grandeur, mais fur la nature de l'objet;
il aura pris une mouche qui paffoit rapidement à quelques pouces de fes yeux,
pour un oifeau fort éloigné de lui, & un
belier qui étoit à fes pieds, pour un bœuf

qui traverſoit au loin la campagne. Un Matelot anglois, dans une iſle inhabitée de la mer du ſud, qui, depuis deux jours, épuiſé d'inanition & le corps tout couvert de plaies, ne pouvoit ni crier, ni marcher ſur ſes pieds, parut, pendant la nuit, un monſtre deux fois plus grand qu'un éléphant, aux yeux des braves guerriers que Cook avoit envoyés à ſon ſecours (1). On ſait combien d'erreurs ſemblables ont été produites par les deux cauſes indiquées ci-deſſus, & combien de maux ſont réſultés de ces erreurs.

Après avoir découvert les deux ſources du mal, il ne ſera pas difficile d'en trouver le remède. Les objets nouveaux réveillent l'imagination; s'ils ſe préſentent fréquemment, ce n'eſt plus l'imagination qui agit, c'eſt la mémoire ; quant aux erreurs de la vue, c'eſt l'habitude d'y tomber qui nous enſeigne à nous en garantir.

_____

(1) V. la relation du troiſieme voyage de Cook, faite par un Officier de ſa ſuite, dont la traduction françoiſe a été imprimée à Paris en 1782, tom. 1. in-8. depuis la page 267 juſqu'à la page 289. La relation de cet événement eſt très-intéreſſante.

Combien de fois il faut que l'enfant se
trompe sur la situation & sur le nombre des
objets, avant d'apprendre à les voir dans
leur véritable position & dans leur véritable nombre. Toutes les images ne se for-
ment-elles pas renversées sur notre rétine ?
chaque objet simple ne nous paroît-il pas
double ? N'avons-nous pas besoin d'une
longue suite de méprises pour apprendre
à rectifier, par le tact, les erreurs de la
vue, & ne nous accoutumons-nous pas à
voir simples & droits les objets qui nous
paroissent doubles & renversés ? Combien
de fois ne faut-il pas qu'un enfant étende
en vain son bras, pour prendre un corps
auquel il ne peut atteindre, avant d'a-
voir appris la distance à laquelle il peut
le porter ? Combien de fois le pêcheur
doit-il jeter inutilement son harpon dans
la mer, avant d'avoir appris à connoître
la grandeur de l'angle que fait un corps
qui entre d'un milieu plus dense dans un
autre qui l'est moins ? Ainsi, un homme
qui, dans la nuit, s'est plusieurs fois
trompé sur la grandeur des objets, ap-

prendra à ne pas fe fier à fes fens dans les ténèbres ; & après beaucoup d'erreurs, il faura ne plus fe tromper.

Il faut donc accoutumer les enfans aux ténèbres, pour les préferver des erreurs qu'elles infpirent, & des méprifes de la vue qu'elles occafionnent. Il faut affoiblir l'imagination par l'habitude, & détruire l'erreur par l'expérience. Voilà pourquoi, fuivant les confeils du grand homme que j'ai cité, je propofe l'exercice des divertiffemens nocturnes pour les enfans de cette claffe, une fois au moins chaque femaine. Le furveillant conduira les enfans dont il eft chargé, tantôt dans un lieu, tantôt dans un autre, & il leur permettra tous les jeux innocens que peuvent fuggérer les circonftances du lieu & du temps. La fupériorité que des hommes formés à ces exercices de nuit auroient néceffairement fur les autres hommes, eft trop évidente pour qu'il foit néceffaire de la démontrer. Cet objet paroîtra encore plus important, fi l'on réfléchit aux différentes deftinations des individus de cette claffe, foit dans la

paix, foit dans la guerre. Rappelons·nous
que Lycurgue prefcrivit les exercices de
nuit pour les enfans (1), & défendit l'u-
fage des flambeaux aux adültes (2).

Je paffe rapidement à un autre objet,
trop important en lui-même pour le négliger dans un plan d'éducation phyfique.

ARTICLE V.

De l'Inoculation de la Petite Vérole.

Ce mal, qui déforme ou détruit la moitié de l'efpèce humaine, qui s'annonce
par des fignes équivoques, & fe communique avant de fe déclarer ; ce mal devient encore plus funefte, lorfque le mé-
lange des enfans en facilite la communication. Heureufement pour les hommes,
la vanité & l'intérêt d'un peuple qui fait
de la beauté un objet d'induftrie & de
commerce, a combattu ce mal par un

_____

(1) *Plutarq. in vitâ Lycurg.*

(2) . . . . . *Ut in tenebris & noctu audacter &
fine ullo metu incedere confuefcant. (Idem in inftitu-
-tis laconicis.)*

remède

remède qui non feulement lui enlève fon
activité homicide , mais en rend la communication moins rapide. L'inoculation
eft cet heureux remède. Laiffons les fanatiques & les ignorans foutenir fur ce fujet des opinions déraifonnables ; laiffons-
les oppofer de futiles & abfurdes pro-
pofitions à une pratique invariable , qui a
confervé la vie de plufieurs millions
d'hommes , & qui a maintenu dans plufieurs autres millions la vigueur, la fanté,
la beauté. Répondons aux décifions de
l'ignorance , de l'intérêt , par l'impérieufe
voix de l'expérience ; & au milieu de tant
de découvertes qui n'ont fervi d'ordinaire qu'à étendre l'empire de la mort,
n'affectons point de renoncer précifément
à celles qui ont eu le bonheur de produire
l'effet contraire. Le Légiflateur devroit
donc établir dans chaque province un
hôpital d'inoculation , où chaque enfant
de cette claffe, qui n'auroit pas eu la petite vérole avant fon admiffion , feroit
conduit , dès que le Médecin de la Communauté le croiroit difpofé à recevoir

l'inoculation (1). Cette opération feroit l'unique remede préfervatif que l'on donneroit aux enfans élevés fuivant la manière que j'ai indiquée. L'obfervation des regles prefcrites ci-deffus, par rapport aux alimens, au fommeil, aux vêtemens, & aux exercices, feroit toute feule beaucoup plus efficace pour les préferver des maladies auxquelles ils font expofés, que ne le feroient tous les remèdes que l'art de la Médecine a imaginés, & dont l'ufage, loin de prévenir les maux du corps, ne fait que les faire naître & les rendre plus terribles (2).

Voilà tout ce que j'ai cru pouvoir dire fur l'éducation phyfique de cette première claffe. Ceux qui connoiffent l'influence du

_____

(1) Cet hôpital pourroit encore être ouvert aux jeunes filles de la même province.

(2) L'établiffement des infirmeries feroit néceffaire pour éviter la contagion des maux, qui fe communiquent plus rapidement parmi les enfans que parmi les adultes. On en établiroit une pour l'ufage de plufieurs communautés, toutes les fois que leur proximité le permettroit. Cette réunion diminueroit les dépenfes, & faciliteroit le bon ordre.

préfent fur l'avenir, & les rapports néceffaires de l'enfance avec les âges fuivans,
verront quels feroient les effets de cette
inftitution, foit fur un peuple entier, foit
fur les générations fuivantes, & en temps
de paix comme en temps de guerre.

CHAPITRE X.

Idées générales fur l'éducation morale de
première claffe.

Avant de nous occuper de la recherche des moyens, déterminons avec préci-
fion la fin que nous nous propofons d'obtenir; éclairons le point où nous devons
parvenir, afin de rendre notre route plus
facile & plus sûre.

Quel eft, ou, pour mieux dire, quel
doit être l'objet de la partie morale de
l'éducation de cette première claffe ?
Voilà ce qu'avant tout il convient de déterminer.

L'ame de l'homme eft, à fa naiffance,
dans le même état de nudité, pour ainfi

G 2

dire, que fon corps; il n'a ni idée, ni défirs; il eft indifférent à tout, même à fes
befoins; un fentiment aveugle, fort inférieur à celui des bêtes, eft le premier reffort de fes mouvemens. Les facultés de
fentir, de penfer, de vouloir font en lui;
mais les caufes du développement de fes
facultés font hors de lui. Ces facultés,
ces puiffances ne font pas égales dans tous
les hommes, mais elles font toutes dans
eux. Dès l'inftant qu'ils voient le jour,
elles forment une partie de leur exiftence.
Le fauvage peut en être doué à un plus
haut degré que l'homme civilifé; mais
l'abfence des caufes extérieures, néceffaires pour les développer, les fait, pour
ainfi dire, refter fans action & fans mouvement dans l'un, tandis que le concours
des caufes qui fe combinent pour les développer dans le fecond, en excitent
toute l'activité. Newton n'eût été peut-
être qu'un chaffeur intrépide, s'il fût né
parmi les Iroquois, & le plus brave chaffeur d'entre les Iroquois feroit devenu un
Newton, s'il fe fût trouvé dans les mêmes
circonftances.

L'inégalité qui exifte entre un homme & un autre, vient moins de l'inégale aptitude originaire entre leurs facultés de fentir, de penfer, de vouloir, que de la diverfité des caufes qui fe combinent pour les développer. Ces caufes font les circonftances où l'homme fe trouve; & parmi ces circonftances, celles qui naiffent de l'éducation font les premieres, & par conféquent celles qui influent le plus fur ce développement. L'objer de l'éducation morale, en général, eft donc de préparer le concours de circonftances le plus propre à développer ces facultés, conformément à la deftination de l'individu & aux intérêts de la fociété dont il eft membre.

La deftination des individus de cette première claffe eft d'être utile à la fociété par le fecours de leurs bras. Les intérêts de la fociété font de trouver en eux des citoyens laborieux & induftrieux en temps de paix, & des défenfeurs intrépides en temps de guerre, de bons époux, de bons pères, inftruits de leurs droits & de leurs devoirs, animés par ces paffions

G 3

qui conduifent à la vertu, pénétrés de refpect pour les lois, & du fentiment de leur propre dignité.

L'objet de la partie morale de l'éducation des individus de cette première claffe eft donc de faire naître le concours de circonftances le plus propre à développer leurs facultés, par rapport à cette deftination & aux intérêts de la fociété.

Après avoir déterminé l'objet, occupons-nous de la recherche des moyens.

ARTICLE Ier.

Des Inftructions & des Difcours moraux.

Un principe que l'Auteur d'Emile a très-bien développé, mais qui feroit inapplicable à un plan d'éducation publique, eft d'attacher l'inftruction aux faits, & le précepte à l'expérience. L'éducation d'un homme, nous l'avons dit, eft bien différente de l'éducation d'un peuple. Un Inftituteur particulier, toujours à côté de fon élève, peut, à fon gré, difpofer des événemens(1); il peut profiter de ceux que le hasard présente; il peut, en un mot, suivre la méthode de l'Auteur d'E-mile, pourvu qu'il ait des lumières, de l'instruction, de la constance. Mais l'instituteur public, quoique pourvu de toutes ces qualités, pourroit-il, en suivant la même route, se promettre quelque succès?

Dans le plan que je trace ici, on ne pourroit charger de ce soin les surveillans, parce qu'il n'est pas possible de trouver en eux les lumières nécessaires à cet objet. On pourroit beaucoup moins obtenir le même succès du magistrat particulier de la communauté, qui est l'instituteur général, parce que quelques connoissances, quelques vertus, quelque constance qu'on pût lui supposer, l'étendue de ses soins sur tous les enfans de la

---

(1) *Voyez* sur-tout le moyen employé par Rousseau pour donner à Emile l'idée de la propriété; il dit lui-même que l'événement du jardinier, qu'il avoit préparé à son gré, auroit seul exigé plusieurs mois d'instruction.

G 4

communauté , ne lui permettent certainement pas de faire ce qui eft à peine poffible dans l'éducation d'un feul homme.
Nous fommes donc obligés de renoncer
à cette méthode, qui devient chimérique
& impraticable , dès qu'on veut l'étendre
de l'éducation privée à l'éducation publique. Contentons-nous d'obtenir ce qu'on
peut , & ne mêlons pas à ce plan des
idées de perfection impoffible.

Si l'ignorance des pères & la fuperf-
tition des mères font paffer dans l'ame des
enfans des préjugés & de fauffes maximes
de morale & de religion ; fi l'empire de
l'erreur & du vice s'étend & fe fortifie par
les leçons dangereufes qu'on reçoit dans
l'enfance, plus que par tout autre moyen,
pourquoi ne pourrions-nous pas fonder &
étendre l'empire de la vérité & de la vertu
par des inftructions toutes contraires?

Pourquoi à ces erreurs compliquées , à
ces faux principes de morale , dont on
charge la mémoire des enfans , ne pourrions-nous pas fubftituer les principes fi
fimples de la juftice, de la bienfaifance ,
de toutes les vertus fociales ?

Pourquoi , au lieu de ces fauſſes maximes de religion que nous entendons avec horreur ſortir de la bouche de ces naiſſans proſélytes de l'erreur , devenus ſuperſtitieux avant d'être croyans, ne pourrions - nous pas faire entendre des expreſſions conformes aux principes de cette morale religieuſe , qui exige la miſéricorde , & non le ſacrifice (1)? Pourquoi, à ces idées de baſſeſſe qui aviliſſent & dégradent leur cœur, ne pourroit-on ſubſtituer celles qui peuvent l'ennoblir & l'élever? Pourquoi, au lieu de dire à un enfant, d'un ton de mépris, qu'il eſt un *ver de terre*, ne pourroit-on pas lui dire, tu es le Roi de la Nature , pourvu que tu en reſpeϗes les lois, & tu feras le monſtre le plus odieux , dès que tu deviendras vil & méchant ?

Pourquoi, en un mot, au lieu de ces diſcours , de ces aϗions, de ces exemples, qui ouvrent l'ame des enfans à des paſſions dangereuſes & à des ſentimens cou-

----

(1) *Miſericordiam volo , non facrificium.* Oſiι chap. 6.

pables, ne pourroit-on , par d'autres difcours , par d'autres actions , par d'autres
exemples , les difpofer aux actions généreufes & utiles ?

Je le répete , l'homme naît dans l'ignorance , & non dans l'erreur. Lorfqu'il eft
en état d'apprendre. une erreur , il eft
en état d'apprendre une vérité. Mais
toutes les erreurs ne font pas à la portée
des enfans ; il en eft de même des vérités.
Il faut commencer par les plus fimples ,
& s'élever par degrés jufqu'aux plus com-
pofées. Par la méthode contraire, on in-
culquera aux enfans des mots au lieu d'i-
dées. La bouche proférera une vérité ,
lorfque l'intelligence concevra une erreur. Voilà fur-tout l'inconvénient que
l'on doit éviter lorfqu'on s'occupe de
l'inftruction des enfans. A qui fera donc
confiée cette importante partie de notre
plan ? Qui fera l'inftituteur moral des
enfans de cette premiere claffe ? de quelle
manière , en quel temps, en quel ordre
fera réglé ce premier moyen de leur éducation morale ?

L'inftituteur moral fera le Magiftrat
même d'éducation de la communauté;
ce fera la plus importante & la plus noble
de fes fonctions. La dignité, l'éclat de
fon emploi, le refpect qui en accompagnera les fonctions, la vénération que les
furveillans infpireront aux enfans envers
ce chef commun, les qualités dont doit
être doué l'homme chargé de tels foins ;
toutes ces circonftances donneront une
plus grande efficacité à fes inftructions,
& fortifieront la vérité de toute la force
de l'opinion (1).

Le temps de l'inftruction devroit être
toujours fixé au matin, parce que l'ame
n'étant point encore livrée aux diftrac-
tions du jour, auroit le recueillement néceffaire pour fe pénétrer des vérités qu'il
lui importe de connoître.

La durée de l'inftruction ne devroit
pas excéder une demi-heure, afin de n'en
pas affoiblir la force par l'ennui, & de ne
pas exiger des enfans un recueillement

---

(1) Voy. ce que j'ai dit ci-deffus, chap. 2 de ce
livre.

plus long qu'ils n'en font fufceptibles.

L'âge où l'enfant doit être admis à
l'inftruction, feroit fixé entre fept & huit
ans.

Je dis entre fept & huit ans, parce
qu'une différence de quelques mois feroit
néceffaire, par une raifon que je ne dois
pas négliger d'énoncer. Comme l'entrée
de chaque enfant dans l'éducation publique feroit fixée, ainfi que je l'ai dit (1), au
jour où il achev. oit fa cinquième année,
foit afin de le laiffer expofé le moins qu'il feroit poffible à la contagion des erreurs &
des préjugés de fes parens, foit afin
d'avoir chaque année le nombre d'enfans
néceffaires pour fuivre le cours d'inftructions morales, on doit néceffairement négliger cette petite différence, qui ne produit aucun inconvénient. Chaque année,
tous les enfans qui fe trouveront entre
l'âge de fept à huit ans, feront donc admis au cours d'inftructions morales.

Si l'on me demande pourquoi je com-

_____

(1) Voy. le chap. 8 de ce livre.

mence fi-tôt une inftruction qu'on pourroit donner dans un âge plus mûr, je de-
manderai à mon tour quels feront , fi l'on
commence plus tard , les principes capables de diriger les actions de ces enfans ?
Si on les laiffe plus long-temps dans l'i-
gnorance de ces principes , ne s'expofe-
t-on pas au rifque de les voir s'en former
eux-mêmes d'arbitraires, de faux , & de
dangereux ?

Puifque nous voyons la plus grande
partie des enfans , à l'âge de fept ans ,
déjà égarés dans la route de l'erreur,
pourquoi ne pourrions-nous pas , à la
même époque , les faire entrer dans la
route de la vérité ? Celle-ci n'eft-elle pas
plus facile & plus lumineufe , lorfqu'on
y marche avec un guide fage & éclairé ?

L'objet de cette partie de l'éducation
n'eft point d'enfeigner une fcience , mais
d'apprendre des devoirs. On ne doit pas s'y
occuper du foin de définir , mais de celui
de prefcrire. C'eft en cela que confifte le
grand art de l'inftituteur. Il doit fuppri-
mer tout ce qui porte l'empreinte de la
fcience proprement dite. Il ne doit fe

propofer que la vérité, qui n'en eft, ou
du moins qui n'en devroit être que le
but, qne le réfultat unique. Heureufement les principes qui dirigent les actions
humaines, font auffi lumineux, auffi fimples, auffi évidens que l'erreur & le pé-
dantifme du favoir qui veulent en affoiblir l'éclat, font obfcurs, compliqués,
& fufceptibles de conteftations intermi-
nables. Que l'inftituteur ait donc toujours devant les yeux l'âge & la deftination de fes élèves; qu'il recoure à tous les
moyens qui peuvent intéreffer les enfans
auxquels il parle, pour rendre fes inftructions plus claires, plus durables, &
moins ennuyeufes; qu'il mette à profit,
autant qu'il eft poffible, les événemens
dont ils ont été les objets ou les témoins;
qu'en un mot, il fe ferve de tous les moyens
que pourront lui fuggérer la raifon, le
bon fens, l'expérience, & la connoiffance
de l'état de l'efprit humain dans l'âge de
ceux à qui il s'adreffe, & qu'il ne craigne
pas alors de rendre fes inftructions inutiles.

Je diftingue les *inftructions* des *difcours*

moraux. Les premières ne devront durer
qu'une année, les autres feront continuées
pendant toute la durée de l'éducation. Les
premières feront faites fuivant l'ordre prefcrit par le Légiflateur, les autres dépen-
dront de la volonté du Magiftrat, pourvu
qu'elles foient relatives aux objets indiqués par la loi. On répétera les premières dans le même ordre chaque année,
afin que les enfans qui y feront admis enfuite, puiffent en profiter ; les autres ne
feront pas foumis à la même loi, parce
qu'ils ne doivent pas être foumis au même
ordre. Examinons donc d'après quel ordre
le Légiflateur devroit fixer les *inftructions*,
& quels objets il devroit indiquer pour
fujets des *difcours*.

Ne faites pas aux autres ce que vous ne
voudriez pas qu'on vous fît. Tel eft le premier principe de morale, dont le développement & l'application doivent être
l'objet de cette première fuite d'inftructions.

Faites aux autres tout le bien que vous
pouvez leur faire. Tel eft le fecond prin-

cipe qui doit être développé dans une feconde fuite d'inftructions.

Ces deux principes, dont le développement renferme toutes les idées de *juftice* & de *bienfaifance* ou *vertu*, confidérées par rapport à l'*homme*, devroient être fuivis de deux autres principes qui conftituent la *juftice* & la *vertu*, par rapport au *citoyen*.

Obfervez les lois, refpectez les décrets de l'autorité publique, défendez la patrie contre les invafions des ennemis & les attentats des rebelles & des féditieux. Ce troifième principe feroit l'objet d'une troifième fuite d'inftructions.

Procurez à la patrie tous les avantages qui font en votre pouvoir ; ne vous bornez pas aux actions utiles que les lois vous prefcrivent ; faites encore tout le bien que votre amour pour elle peut vous infpirer ; que fon intérêt foit votre fuprême loi. Tel eft le quatrième principe qui feroit développé dans une quatrième fuite d'inftructions.

Dans le développement de ces deux derniers principes, le Légiflateur confultera sultera la nature du gouvernement sous lequel il vit , & les conséquences qui doivent naître de l'application de ces principes à la constitution. Un objet d'une si grande importance ne sera jamais assez clairement déterminé par un sage Législateur.

Ces quatre suites d'instructions devroient toutes être comprises dans le cours de morale qui se répéteroit chaque année. Afin que les vérités qu'on y enseigne restent mieux gravées dans la mémoire des enfans, on pourra ordonner que ceux qui auront terminé le cours entier , le recommenceront l'année suivante, avec les enfans qui y seront admis pour la première fois. Par ce moyen , chaque enfant suivroit deux fois de suite ce cours complet d'instructions morales. La seconde année, on exigera d'eux quelque chose de plus que la première. L'instruction de chaque jour terminée, le Magistrat leur fera, tantôt aux uns , tantôt aux autres , quelques demandes sur cet objet. Ces demandes renfermeront des doutes à éclaircir , des faits à juger , d'après les principes expo-

tés. Cet exercice , qui rempliroit la demi-heure qui doit suivre celle de l'inftruction, procureroit en même temps trois
grands avantages. Le premier seroit d'o-
bliger les enfans à l'attention la plus sui-
vie , en les mettant sans cesse dans le cas
d'en donner des preuves. Le second seroit
de les accoutumer à appliquer les principes généraux aux événemens particuliers,
& à dissiper tous les doutes qui pourroient se présenter à leur esprit. Le troisième, avantage enfin seroit de faciliter
aux enfans qui suivent, pour la première
fois , le cours de ces instructions , l'intelligence des principes & des vérités qui
y sont enseignés , par la discussion qu'en
feroient devant eux les enfans qui suivent
le cours de la seconde année. Si le Magistrat qui fait la demande n'obtient
pas une réponse convenable, il en montrera le défaut, répétera la demande à un
autre enfant , & ainsi de suite, jusqu'à ce
qu'il ait obtenu une réponse juste. Si la
question n'est pas encore résolue avant la
fin de l'instruction, le Magistrat fera une
courte exposition du principe d'où doit

dépendre la folution du doute ou du fait propofé, & il réfoudra lui-même la queftion avec la plus grande clarté. Les enfans qui auront donné des preuves d'un défaut d'attention, feront punis par le Magiftrat, fuivant les réglemens dont nous parlerons plus bas.

Dès que les enfans auront achevé le fecond cours d'inftruҫions morales, ils feront admis aux difcours moráux qui doivent leur fuccéder. L'orateur fera le Magiftrat lui-même. Tous les enfans de la communauté qui auront achevé le fecond cours d'inftruҫion, y affifteront, comme je l'ai dit, pendant toute la durée de leur éducation. Ils auront encore le droit d'y venir, après être fortis de l'éducation publique. On deftinera à cet exercice la demi-heure qui fuit immédiatement l'heure des inftruҫions. Tels font les objets qui peuvent être prefcrits à cet égard par le Légiflateur.

On leur fera fentir tout ce qu'on leur a enfeigné ; on fera paffer dans leur cœur les vérités qu'on a d'abord démontrées à leur intelligence, par les inf-

H 2

tructions morales; on leur fera fentir ce
que c'eft que la vertu, quels plaifirs
délicieux l'accompagnent & la fuivent; on
leur fera fentir ce que c'eft que la patrie,
quels bienfaits elle leur procure, quelle
reconnoiffance ils doivent avoir pour elle.
Il n'eft pas inutile de répéter que dans ces
difcours, ainfi que dans ces inftructions
morales, la conftitution du Gouvernement doit toujours fixer les regards du
Magiftrat.

On leur développera enfuite les vérités
contraires aux préjugés de l'opinion publique, & on préparera de cette manière les
moyens de la corriger & de l'éclairer.

On leur infpirera le fentiment de leur
propre dignité; on leur apprendra à être
eftimables à leurs yeux, à connoître la
véritable grandeur, la véritable gloire;
on leur montrera comment chacun peut
l'obtenir par fes talens & fes vertus. Pour
imprimer avec force cette vérité dans
l'ame des enfans, le fage inftituteur raf-
femblera tous les faits qui peuvent la con-
firmer, & qui ont tant d'empire fur la
raifon & fur le cœur. Le grand art de l'é-
ducation, comme je l'ai dit, eft de pré-

venir dans ces enfans le dangereux aviliſſement, auquel la nature de leur deſtination ſemble les expoſer. Cet objet paroîtra encore plus important, ſi l'on réfléchit que le moyen de ſe rendre eſtima-
ble eſt de pouvoir s'eſtimer ſoi-même,
& que l'homme dégradé à ſes propres
yeux eſt incapable des grandes paſſions
& des grandes vertus.

L'amour du travail ſera un autre objet
de ces diſcours moraux. On leur fera
comparer les triſtes & dangereux effets de
l'oiſiveté & de l'ennui, avec les avantages & les plaiſirs de toute eſpece qui accompagnent le travail, & on parviendra
d'autant plus facilemenr à leur en inſpirer le goût pour toute la vie, que le ſyſtême de l'éducation qu'ils ſuivront leur
en fera contraĉter l'habitude.

Enfin ſi pluſieurs motifs concourent
à rendre précieuſe pour la ſociété entière
la multiplicité des mariages, ſi elle eſt
ſur-tout néceſſaire à la conſervation des
mœurs, & ſi l'idée d'un terme ou d'un
but légitime pour les beſoins qui tour-
mentent l'âge poſtérieur à la puberté, eſt

plus propre à en prévenir les défordres
que tout autre moyen; on fent aifément
qu'un des plus importans objets de ces
difcours moraux eft de rendre cet état
défirable & cher aux enfans qui doivent
fortir de l'éducation publique (1), & de
leur montrer les droits & les devoirs qui
fe lient aux doux noms de père & d'é-
poux. Les maux qui font attachés à un
célibat vicieux, la trifte indifférence de
cet état, les agitations qui l'acccompa-
gnent dans la jeuneffe, l'ennui qui le fuit
dans la vieilleffe, doivent y être peints
avec les plus vives couleurs, & la tou-
chante image de deux époux vertueux,
entourés des tendres fruits de leur
amour, doit être préfentée à leurs yeux
avec tout l'éclat de la vérité & toute l'é-
nergie de la paffion.

---

(1) Les difcours moraux relatifs à cet objet ne devroient être prononcés qu'en préfence des élèves qui
font près de terminer le cours de leur éducation. Ils ne
devroient par conféquent avoir lieu que rarement, &
dans des cas extraordinaires. Le Magiftrat confacreroit à
ces difcours les momens & les jours qui lui conviendroient davantage, & où les enfans auxquels ils font
deftinés, feroient le moins occupés.

En leur faifant confidérer le mariage
comme l'état le plus doux de la fociété ;
on le leur montrera encore comme le
plus inviolable & le plus facré de tous les
contrats. On rappellera avec force tous
les motifs qui doivent en faire l'objet du
refpeet de tous les hommes, & qui doivent rendre dignes de haîne & de malé-
dictions ceux qui ofent en fouiller la pu-
reté. Les devoirs fondamentaux des pères
& des époux feront partie de ces difcours. On appliquera à l'un & à l'autre de
ces états le principe général qui détermine
l'exercice de toute autorité : on leur apprendra que l'autorité de celui qui gou-
verne ne peut exifter que pour l'intérêt de
celui qui eft gouverné, & qu'alors feulement elle devient utile & agréable pour
celui qui l'exerce.

Les effets de ces difcours feront
d'autant plus fûrs, que les vices
des lois économiques de l'État n'ar-
rêteront plus le cours des mariages.
La certitude de trouver dans le Magiftrat
& dans la Loi l'éducation & la fubfiftance des enfans, jufqu'au temps où ils

H 4

feront en état de fe diriger eux-mêmes
& de pourvoir à leurs befoins, fera encore un nouveau motif de choifir un état
de vie qui eft le plus heureux de tous,
lorfqu'il n'eft déterminé que par l'amour;
qu'il n'eft point accompagné de l'indigence, précédé ou fuivi de la corruption.

Tels font les objets qui devroient être
prefcrits par la loi pour les difcours moraux.

L'exemple devroit répondre aux inftructions & aux difcours.

ARTICLE II.

De l'Exemple.

LES Philofophes de la Grèce appelèrent
l'homme un *animal d'imitation* (1).

De toutes les efpèces d'animaux, les
hommes font en effet ceux qui, par leur
fyftême phyfique & une plus grande perfection de fenfibilité, font le plus difpofés

_____

(1) *Ariftot. problemat. fect.* 30.

à s'imiter mutuellement. Cette imitation eſt une eſpèce de beſoin qui ſe manifeſte dès l'enfance, & que l'éducation
doit mettre à profit, pour remplir l'objet auquel la Nature ſemble l'avoir deſtiné. Le Magiſtrat & les ſurveillans ſont
les modèles que la loi doit offrir aux enfans de cette claſſe, dans le plan d'éducation que nous traçons ici. Ils devroient
donc concourir à ce grand objet par des
exemples continuels de juſtice, d'humanité, de douceur, d'indulgence, d'amour
pour le travail, de zèle pour le bien, de
reconnoiſſance pour la patrie, de reſpect
pour les lois. La préſence des enfans leur
rappelleroit l'importance de leur miniſtère,
& leur apprendroit à mettre toujours dans
leur conduite cette décence & cette modération qu'inſpirent la force de l'exemple & la puiſſance de l'imitation.

On devroit, ſur cet objet, établir une
inſtruction particulière pour les ſurveillans, qui leur ſeroit communiquée par le
Magiſtrat particulier d'éducation de la
communauté, avant de les admettre à cet important miniſtère, &
qui leur ſeroit rappelée au moins deux

fois par mois, conformément aux règles preſcrites par le Légiſlateur (1). Nous ſuppoſons que le Magiſtrat eſt déjà parfaitement inſtruit de ſes devoirs, & de ceux des perſonnes qui ſont dans ſa dépendance immédiate.

Il aura ſoin de ne jamais réprimander un ſurveillant en préſence des élèves. Si quelqu'un d'entre eux ſe montre indigne ou incapable du miniſtere qui lui eſt confié, il en avertira le Magiſtrat ſuprême d'éducation de la province dans laquelle ſe trouve compriſe la communauté, & il en attendra les ordres. S'il eſt néceſſaire de procéder à un changement, cela ſe fera avec toute la célérité que pourront exiger les circonſtances. Si l'inconduite du ſurveillant eſt connue de ſes élèves, l'excluſion aura de la publicité ; mais s'ils ignorent le délit, ils en ignoreront égale-

_____

(1) On pourroit conſacrer à cet objet les heures du Dimanche, où les enfans ſeroient occupés des exercices réſervés pour ce jour de la ſemaine. La moitié des ſurveillans néceſſaires à ces exercices ne pourroit aſſiſter à l'inſtruction. Par ce moyen, chacun d'eux y aſſiſteroit deux fois par mois.

ment la peine : on leur laiſſera croire que
le ſurveillant a volontairement renoncé
à une charge qu'il avoit un juſte & honorable motif de ne plus exercer.

Le Magiſtrat de la communauté ne négligera aucun ſoin pour être inſtruit de la
conduite de chaque ſurveillant , & pour
la diriger dans toutes les circonſtances où
ils auront beſoin de ſes lumières.

Un des principaux objets des inſtructions relatives aux ſurveillans , ſera de les
familiariſer avec la manière dont ils doivent répondre aux demandes qui pourront leur être faites par les enfans ſur
les différens objets qui piqueront leur curioſité. Comme un des plus grands avantages de ce plan d'éducation publique ſeroit de ſouſtraire les enfans à l'influence
des erreurs, afin de laiſſer à la vérité la
force de pénétrer dans leurs ames , &
que nous ne ſuppoſons pas les ſurveillans
aſſez inſtruits pour pouvoir donner des
notions vraies & juſtes aux enfans ſur tout
ce qui peut réveiller leur curioſité , nous
croyons qu'on doit préférer le parti du
ſilence , au riſque de faire des réponſes

abſurdes ou peu convenables à leur âge.

Toutes les fois qu'un enfant fera au ſurveillant une queſtion au deſſus de ſon intelligence, celui-ci devra donc lui conſeiller de la propoſer au Magiſtrat, immédiat & ſuprême inſtituteur, & il lui avouera tout ſimplement qu'il n'eſt pas lui-même aſſez inſtruit pour l'éclairer ſur cet objet. Cette méthode produiroit à la fois deux grands avantages; elle préviendroit la contagion involontaire des préjugés & des erreurs; & donnant aux enfans l'utile exemple du reſpect qu'on doit avoir pour la vérité, elle les accoutumeroit à être moins honteux de l'ignorance que de l'erreur.

Je n'ai pas cru devoir négliger cet avertiſſement, que je regarde comme très-important.

Parlons maintenant d'un autre moyen qui devroit faire partie de l'éducation morale, comme extrêmement néceſſaire au but qu'elle ſe propoſe, quand même nos idées ſur ce ſujet devroient nous expoſer à la dériſion des ignorans & aux reproches des inſenſés & des fanatiques.

ARTICLE III.

Lectures qui devroient être prescrites aux enfans de cette classe.

Je propose la lecture des romans pour les enfans qui ont atteint l'âge fixé dans notre plan pour assister aux discours moraux.

Mais quels seront ces romans ? & quel temps destinera-t-on à cette lecture ?

Chaque Etat peut avoir ses prodiges de vertu & de scélératesse. Chez toutes les Nations, dans tous les siecles, dans tous les gouvernemens, les différentes classes de la société en offrent des exemples. Les haillons du plus pauvre citoyen & la robe du premier Magistrat couvrent souvent les plus grandes vertus & les crimes les plus détestables. L'œil du Philosophe pénètre à travers ce voile, tandis que le vulgaire ne voit que des haillons & une robe.

C'est sur de tels faits, qui nous sont révélés par l'histoire de tous les siècles,

que devroient être formés les romans
dont je parle. Le grand homme qui en
eſt le héros, devroit toujours être tiré
de la claſſe de ceux auxquels la lecture
en eſt deſtinée. L'Agriculteur, le Berger,
le Matelot, l'Artiſan, le ſimple Soldat,
ou le Général qui a commencé par l'être,
& qui a conduit la charrue avant de conduire une légion, devroient être le ſujet
des romans deſtinés aux enfans de cette
claſſe. L'art de l'Ecrivain conſiſteroit à
préſenter avec le plus d'éclat les vertus
civiles & guerrières qui ſont plus à la
portée des individus de cette claſſe, à
peindre des plus noires couleurs les vices
auxquels ils ſont le plus expoſés, à fécon-
der ces germes d'amour de la patrie ou
d'amour de la gloire qu'on auroit déjà
jetés de tant de manières dans l'ame des
enfans, à leur inſpirer cette élévation de
caractère, qui eſt d'autant plus glorieuſe,
qu'elle s'allie plus rarement à la richeſſe,
& à la dignité originaire & factice des
diſtinctions ſociales.

Je voudrois que le ſujet des romans
fût preſque toujours un fait vrai, ou non

entièrement imaginé , & que l'Auteur en
affurât le lecteur. On ne connoît pas jufqu'à quel point cette prévention en rendroit la lecture efficace.

La multiplicité des bons ouvrages de
ce genre qui exiftent chez prefque toutes
les Nations de l'Europe, rend plus facile
à faire la collection des romans d'éducation que je propofe. Les avantages que
produiroit cette lecture font connus de
tous ceux qui favent combien la force des
fentimens moraux doit avoir d'influence
fur la formation du caractère & le développement des paffions.

Outre les romans , il faudroit chaque
année faire un recueil de tous les événemens qui pourroient produire le même
effet , & l'imprimer pour l'ufage des élèves : par ce moyen, ils auroient continuel-
lement fous les yeux une hiftoire com-
plette des vertus ; & fi des annales de ce
genre font quelquefois très-courtes , elles
ne font du moins jamais interrompues,
pourvu qu'on ne les reftreigne pas à
une feule ville & à un feul peuple , mais
qu'elles embraffent la patrie , & même

l'efpèce entière, à laquelle elles appartiennent.

·On deftineroit la foirée à cette lecture. Dans le chapitre précédent (1), nous
avons dit que les dix heures fixées pour le
fommeil de l'enfant, au moment de fon
admiffion, doivent être diminuées à proportion qu'il avance en âge, de manière
à pouvoir fixer le temps de fon fommeil à
fept heures dans la dernière année de
l'éducation. Pour obtenir cette diminution progreffive, fans changer l'heure du
réveil, qui doit être le même pour tous
les âges, il faudroit déterminer l'heure
du coucher aux différentes époques de
l'éducation. Or le meilleur moyen de
donner aux enfans une occupation agréable, qui les éloigne du fommeil, fans les
expofer à l'ennui, qu'on doit éviter avec
foin dans quelque plan que ce foit d'éducation publique, feroit d'établir cet ordre
de lecture, pourvu que les enfans puffent

---

(1) Voy. l'article du fommeil dans le chapitre de l'é-
ducation phyfique.

les varier à leur gré (1). Ce feroit là un nouvel avantage de cette inftitution. Enfin à tous ces avantages s'en joindroit un autre ; on infpireroit le goût de la lecture aux individus de cette claffe , & l'on hâteroit, par ce moyen, les progrès de l'inftruction populaire.

ARTICLE IV.

Des Récompenfes.

Deux paffions , dont l'une eft petite ; dangereufe , aviliffante , & dont l'autre porte le caractère de la grandeur , de l'élévation, de l'utilité , dérivent de la même fource. Ces paffions , la *vanité* & *l'amour de la gloire*, naiffent du *défir de fe diftinguer*. Ce défir , figne & effet de la fociabilité qui anime également le barbare & l'homme civilifé, l'infenfé & le

---

(1) On ne devroit obliger aucun enfant de lire un livre plutôt que l'autre. Chaque furveillant auroit plufieurs exemplaires de ces collections, pour fatisfaire les différens goûts.

fage, le fcélérat & l'homme de bien ; ce
défir qui fe manifefte prefque depuis les
premiers pas de la vie, & qui accompagne l'homme jufqu'au tombeau ; ce défir
produit l'une ou l'autre de ces paffions,
felon qu'il eft bien ou mal dirigé. Il devient vanité dans les uns, amour de la
gloire dans les autres ; il couvre d'ornemens fomptueux le char de l'homme riche, & précipite au combat le Guerrier
intrépide ; il plonge l'impudique Poppée
dans un bain de lait, & enfonce le
poignard dans le fein de Lucrece ; il
fait étaler à Créfus fes immenfes tré-
fors, & porter au feu la main de Scé-
vola.

C'eft dans la feconde partie de ce
livre que nous examinerons, d'une manière générale, l'ufage que le Légiflateur doit faire de ce défir ; nous nous
contenterons ici de le confidérer fous le
feul point de vue qui a rapport à ce plan
d'éducation publique. Voyons donc comment l'ufage des récompenfes, en même
temps qu'il doit hâter les progrès des enfans, peut préparer le développement

de ce défir de diftinction, & produire, non la vanité, mais l'amour de la gloire.

Pour peu qu'on réfléchiffe à cet objet important, on fentira qu'il doit réfulter de deux caufes, de la nature des récompenfes, & de leur deftination.

Toute diftinction èft une récompenfe; mais toute récompenfe n'eft pas une diftinction. Dans l'éducation particuliere, les récompenfes ne peuvent ni feconder, ni diriger le défir de fe diftinguer, parce que l'éducation particuliere manque d'objets de comparaifon, & qu'un enfant ifolé n'a rien dont il puiffe fe diftinguer. Ses récompenfes doivent être toutes réelles, puifque celles d'opinion ne peuvent exifter que là où l'opinion exifte véritablement. Dans l'éducation publique, au contraire, les récompenfes qui font fondées fur la feule diftinction, lorfqu'elles font bien dirigées, peuvent devenir un objet de défirs, parce que l'amour de la diftinction eft puiffamment excité par la multiplicité & la proximité des perſonnes dont on veut ſe diſtinguer.

Le Maréchal de Villars répétoit ſouvent que les deux plaiſirs les plus vifs qu'il eût goûtés dans ſa vie, étoient d'avoir remporté un prix au Collége, & une victoire.

L'amour de la diſtinction déterminera donc la nature des récompenſes dans notre plan ; & comme elles peuvent être réelles ou d'opinion, nous n'emploierons que les dernieres, pour accoutumer les enfans à ne déſirer rien de plus que la gloire. Nous couvrirons ſa tête, par exemple, d'une couronne de laurier, mais nous ne lui donnerons pas un habit plus beau que celui des autres, parce que cette eſpèce de diſtinction pourroit exciter en lui un ſentiment de vanité ; ni un mets plus délicat, qui lui donneroit du penchant à la gourmandiſe ; nous ne le diſpenſerons pas non plus de ſes occupations ordinaires, parce qu'une telle exemption pourroit rendre honorables à ſes yeux l'oiſiveté & le repos.

Ce plan d'éducation publique ne ren-

fermera donc d'autres récompenfes que
celles qui feront fondées fur l'opinion publique. Le foin du Légiflateur fera d'imaginer ces récompenfes diftinctives du mérite, & d'en déterminer la valeur relative
proportionnellement à la valeur relative
du mérite auquel elles font deftinées. La
couronne de la victoire & celle de la
paix ; celle qui ornoit le front de l'ath-
lete, & celle qu'on plaçoit fur la tête
du Général victorieux, avoient la même
valeur réelle, mais non la même valeur
d'opinion. L'efpèce de mérite auquel
elles étoient deftinées en déterminoit
l'importance, & le degré de diftinction
qu'elles indiquoient en étoit l'unique
valeur. Que le Légiflateur détermine
donc les différentes efpèces de mérite
auxquelles on doit affigner les différentes
récompenfes ; qu'il accorde la premiere
à ces actions généreufes qui annoncent
l'élévation de l'ame ; que parcourant enfuite les objets relatifs aux trois parties
dans lefquelles nous avons divifé notre
fyftême d'éducation, il fixe pour chacun

I 3

d'eux une récompenfe en faveur de l'enfant qui s'y eft diftingué, & qu'il donne
à la récompenfe & à l'objet un degré proportionné à leur importance ; qu'il en
établiffe pour ceux qui fe font diftingués dans les différens exercices relatifs à la partie phyfique de l'éducation ; pour ceux qui ont donné des preuves de hardieffe & de courage ; pour ceux
qui ont délivré un de leurs compagnons
d'un danger imminent ; pour ceux qui ont
montré le plus d'attention & le plus de
fagacité dans les différentes efpèces d'inftruétions ; pour ceux qui font le plus de
progrès dans l'art auquel ils fe font attachés ; mais avec la condition effentielle
qu'ils n'auront pas, par quelque faute
particulière, perdu le droit à cette récompenfe. Que, deux fois par an, on fixe
la diftribution de ces prix, afin que la
fréquence n'en diminue pas la valeur, &
que la rareté n'en affoibliffe pas l'efpé-
rance ; que pour en régler la répartition,
on ordonne au Magiftrat de chaque Communauté de tenir un regiftre exaét des objets fur lefquels chaque enfant s'eft dif-

tingué, & des motifs qui peuvent le priver de la récompenſe qu'il a méritée d'une
autre manière ; qu'enfin le temps de la
diſtribution arrivé, elle ait lieu de la manière ſuivante.

On convoquera toũs les enfans de la
communauté. Ceux qui auront terminé
le cours des inſtructions morales, pourront être admis à la diſtribution. Pour
prévenir l'envie & ſes funeſtes effets, il
n'y a pas, ce me ſemble, de moyen plus
efficace que de faire récompenſer & honorer le mérite par ceux mêmes qui pourroient en être envieux. Celui qui honore
& récompenſe un homme de mérite,
s'aſſocie en quelque ſorte à ſa gloire, &
cette idée ſuffit pour étouffer dans ſon
ame tout ſentiment d'envie. C'eſt à cette
cauſe que j'attribue le peu d'influence
qu'a l'envie dans les gouvernemens
libres.

Après que le Magiſtrat aura prononcé
un diſcours ſommaire ſur l'exacte impartialité de la juſtice, & qu'il aura exhorté
ces jeunes juges à en obſerver les devoirs,
il commencera par leur annoncer les-

noms des enfans qui fe font diftingués
durant le cours des fix derniers mois par
des actions grandes & généreufes; il les
entretiendra du mérite de chacune de
ces actions, & les préfentera fous le point
de vue qu'il croira le plus propre à en
faire fentir la valeur relative. Les enfans.
détermineront leur jugement d'après
cet expofé; ils proclameront eux-mêmes
l'action qui mérite d'être couronnée, &
décideront encore du mérite relatif des
autres. Les fuffrages feront publics, &
la pluralité décidera, toutes les fois que
le Magiftrat ne trouvera pas le jugement
injufte: dans ce cas, il leur montrera leur
erreur, & corrigera le jugement.

De ce premier jugement, on paffera
au fecond, relatif à la récompenfe établie
par le Légiflateur en faveur du mérite
fecondaire, & on procédera dans le
même ordre jufqu'à la récompenfe de
l'objet le moins important. La diftribution des prix achevée, on en renverra
la proclamation au jour de fête le plus
prochain. Un cortége accompagnera les
enfans dans l'églife. Celui qui a mérité

la première couronne, marchera le premier au milieu de cette pompe solennelle, accompagné de tous ceux qui se sont distingués sur le même objet, mais non avec le même talent. Chacun de ceux-ci le suivra dans l'ordre qu'exige le mérite relatif des actions. Celui qui a obtenu le second prix, paroîtra accompagné de ses concurrens les plus distingués, & ainsi de suite jusqu'au dernier qui a reçu le dernier prix. Si l'un de ceux qui se sont fait remarquer par quelque action généreuse, a encore mérité un prix pour un autre objet, il recevra cette nouvelle récompense, mais sans quitter la place que lui a assignée le degré de mérite de son action généreuse. La dernière place parmi ceux qui se sont distingués par cette espèce d'action, doit être plus honorable que la première parmi ceux qui se sont distingués d'une autre manière. C'est ainsi que l'on donnera aux enfans des idées justes du mérite & de ses différens degrés.

Les enfans qui n'ont mérité aucune distinction, fermeront la marche.

La porte de l'églife fera ouverte à tout le monde, & les pères feront particuliè-rement invités à la cérémonie. Arrivés dans l'églife, le Magiftrat proclamera les noms des vainqueurs, & les prix qui leur font deftinés ; il louera la juftice des ju-ges, & fera un difcours rapide fur l'eftime & la gloire qui accompagnent le vrai mérite.

Au lieu d'adreffer des reproches hu-milians à ceux qui n'ont mérité aucune diftinction, il les encouragera à s'en ren-dre dignes. Tout ce qui peut affoiblir ou détruire l'énergie de l'ame, & dépraver le caractère des enfans, fera foigneu-fement profcrit de ce plan d'éducation publique.

La cérémonie fera terminée par une hymne convenable à l'objet, & les en-fans récompenfés conferveront pendant tout le jour les fignes diftinctifs de leur mérite.

On voit tout d'un coup les avantages qui doivent naître de cette inftitution. On infpirera une noble émulation aux enfans, fans les expofer aux dangers qui y font ordinairement attachés. Par ce moyen, on récompensera le mérite, & on préviendra l'envie. L'élévation & la générosité de l'ame s'introduiront dans la claffe d'individus qui en paroît le moins fufceptible. La force, l'adreffe, le courage, l'inftruction feront encouragés. L'idée de la dignité perfonnelle aura plus de force & d'étendue ; le défir de la diftinction fe changera en un noble amour de la gloire, & non en un dangereux fentiment de vanité. L'amour de la juftice dictera les jugemens , & la véritable idée du mérite & de fes différens degrés fe communiquera de la même manière ; en un mot, un enchaînement de circonftances, toutes favorables au développement des facultés morales des enfans , naîtra de cette feule inftitution.

ARTICLE V.

Des Châtimens.

Le Légiflateur ne doit pas certainement former un code pénal pour les enfans ; il ne doit pas fe défier jufqu'à ce point de

la probité & des lumières du Magiftrat
inftituteur; il ne doit pas circonfcrire
ainfi fon autorité. Les motifs qui pourroient l'engager a en abufer font fi foibles
& en fi petit nombre, les qualités que
l'on exige de celui qui l'exerce font fi contraires aux difpofitions de l'ame qui pourroient juftifier cette défiance; les circonftances qui rendroient inapplicables ou
dangereux les réglemens particuliers de
ce code, font fi fréquens, que le meilleur
moyen, à mon avis, feroit d'établir
quelques réglemens généraux, relatifs à
cet objet, & de laiffer à la prudence du
Magiftrat le foin de feconder dans l'application les vues du Légiflateur, fans
defcendre dans ces détails qui pourroient
non feulement l'embarraffer, mais encore
devenir inutiles & dangereux.

La partie la plus confidérable de ces
réglemens devroit être plutôt négative
que pofitive. Le Légiflateur devroit plutôt, fur ce fujet, dire ce qu'on ne doit
pas faire, qu'exprimer avec une préci-
fion trop minutieufe tout ce qu'on devroit
faire.

Il devroit, avant tout, profcrire entierement l'ufage du fouet & du bâton ; ni le Magiftrat, ni les furveillans ne devroient avoir le droit de battre un enfant, de quelque manière & pour quelque caufe que ce fût. Le Légiflateur ne doit pas permettre que les moyens deftinés à faire naître le fentiment de la dignité perfonnelle, foient mêlés à ceux qui aviliffent & dégradent ; que ceux qui tendent à fortifier le corps & l'efprit, foient unis avec ceux qui nuifent à l'un & à l'autre ; en un mot, que des moyens deftinés à former les citoyens, foient confondus avec des moyens propres à créer des efclaves. L'expérience prouve que des enfans accoutumés au bâton & au fouet perdent d'ordinaire cette force du corps & cette fenfibilité naturelle, fource féconde de tant de qualités fociales ; ils deviennent vils, hypocrites, diffimulés, méchans, vindicatifs & cruels ; ils s'habituent, dès l'enfance, au plaifir fecret de faire éprouver aux autres les maux dont ils font les victimes.

Un autre réglement préviendroit l'abus

des peines ignominieufes. Dans la fociété
des enfans, de même que dans celle des
adultes, l'extrême fréquence de cette
efpece de peines, & le nombre trop confidérable de ceux à qui elle eft infligée,
en affoibliffent la force & l'intenfité. Dans
l'une & l'autre fociété, ces peines., fondées fur la feule opinion, doivent être
employées avec réferve ; elles ne doivent être deftinées qu'aux délits ou aux
fautes, qui, de leur nature, font
condamnées à l'ignominie par l'opinion
même. Les principes qui doivent prévenir
l'abus de ces peines, font communs pour
l'une & l'autre fociété, & je les ai affez
développés dans le livre précédent, pour
ne pas me croire obligé de les répéter
ici (1).

Le Légiflateur, fidèle à ces principes,
défendra au Magiftrat inftituteur l'abus de
cette efpèce de châtiment, & en pref-
crira l'ufage raifonnable & modéré ; il
lui fera fentir l'inconvénient qu'il y au-

_____

(1) Voy. dans le livre 3 le chapitre relatif aux peines
d'infamie.

roit d'accoutumer les enfans à voir avec moins de peine la diminution ou la perte de l'eſtime de leurs ſemblables ; il lui fera voir comment cet inconvénient pourroit éteindre en eux le ſentiment de l'amour de la gloire, & celui de leur propre dignité, qu'on s'eſt efforcé, par tant de moyens, de leur inſpirer ; il montrera comment on pourroit graduer les divers châtimens de cette eſpèce, pour les proportionner aux divers degrés de délits qui doivent être punis par cette ſorte de peine ; il montrera enfin comment on devroit en régler la publicité, & prévenir un grand mal qui pourroit en naître. Si un enfant commet un délit infamant, & que ce délit ne ſoit connu que des enfans qui vivent avec lui, ſous la direction du même ſurveillant, ceux-ci auront ſoin de recommander aux enfans le ſecret, & de leur montrer la néceſſité de cacher aux autres le délit de leur camarade. Sa peine, dans ce cas, ſera ſévère, mais elle ne ſera pas publique ; elle ne ſera connue que des enfans qui demeureront ſous le même toit. Mais ſi le délit

infamant a eu de la publicité, le châtiment fera public, & le Magiftrat donnera
à l'exécution tout l'appareil qu'exigent la
nature du délit & la néceffité d'en
infpirer l'horreur; mais, dans ce cas,
l'enfant coupable, publiquement désho-
noré, ne fera-t-il pas un enfant perdu
pour la vertu? Le fentiment de fa baffeffe & de l'abandon de l'opinion publique,
n'étouffera-t-il pas en lui l'action de toutes les caufes qui pourroient le corriger
& le rendre meilleur?

Je propofe, pour prévenir ce mal, un
remède que je crois très-efficace. Le
Magiftrat, après l'exécution de la peine
infamante, fera un difcours énergique
fur les fuites du délit, & les maux qui
l'accompagnent; enfuite fe tournant
vers l'enfant coupable, il lui dira: « Le
droit que tu avois à l'amitié & à l'eftime
de tes camarades, eft perdu pour toi;
mais il eft encore en ton pouvoir de le re-
couvrer. La générofité d'une action peut
effacer l'ignominie d'une autre; un changement heureux peut réparer les maux
d'une corruption déshonorante. Lorfque
tu

tu auras de nouveau mérité notre eſtime
& notre amitié, ce droit précieux te ſera
rendu avec un appareil auſſi public; & moi
qui ſuis, par la loi, votre père commun,
je ſerai le garant de la promeſſe que je
te fais au nom de mes enfans & de tes frè-
res ». Je laiſſe au lecteur le ſoin de réfléchir ſur le double avantage qui réſulte-
roit de la peine & du pardon. Paſſons aux
autres réglemens généraux relatifs à cet
objet.

Afin de rendre la perſonne du ſurveillant plus reſpectable, & ſes fonctions plus
utiles, il faudroit lui laiſſer encore le
droit de les punir par quelque eſpèce
de châtimens. Telle ſeroit, par exemple, la privation de quelque mets ou
de quelque divertiſſement, pourvu que
cette privation ne durât pas plus d'un
jour; car il ne doit appartenir qu'au Magiſtrat inſtituteur de prononcer des peines
plus ſévères, ou par leur nature, ou par
leur durée.

Le Magiſtrat & le ſurveillant, lorſqu'il s'agira ou de faire des reproches ou
de punir, conſerveront tout le calme & la

froideur de la raifon, & ne s'abandonneront jamais à ces mouvemens, à ces tranfports qui annoncent la paffion, & qui en
dérivent. Le Légiflateur infiftera avec
force fur ce principe, dont l'oubli pourroit, en un grand nombre de circonftances, rendre non feulement inutiles, mais
même dangereux les reproches ou les
châtimens.

Afin d'infpirer aux enfans le plus grand
refpect pour la vérité, & la plus grande
horreur pour le menfonge, le Légiflateur ne permettra jamais qu'il demeure
impuni, & il chargera le Magiftrat & les
furveillans de diminuer la gravité du châtiment, toutes les fois que la faute fera
fuivie d'un aveu fincère.

La calomnie fera punie avec févérité,
comme toute action qui indiquera la per-
verfité du cœur & la baffeffe. On ufera
au contraire d'indulgence pour les fautes
qui naiffent de la vivacité, qualité qu'on
doit plutôt chercher à exciter dans cet
âge, qu'on ne doit la redouter.

On évitera avec le plus grand foin
toute efpèce de partialité & d'injuftice.

Ceux qui ont réfléchi avec attention fur les difpofitions de l'efprit humain, fentiront aifément quelle funefte altération doit produire dans le caractère moral d'un enfant la confcience d'une injuftice & d'un tort caufés par l'inftituteur. Dans l'éducation publique, cette faute doit être évitée avec encore plus de foin, parce que les occafions de la commettre font plus fréquentes, & que les conféquences en font plus funeftes. Si le Magiftrat ou le furveillant s'aperçoit qu'il a involontairement commis une injuftice contre un enfant, il doit la réparer fur le champ, & ne montrer aucune répugnance à avouer fon erreur. Le Magiftrat inftituteur aura foin de veiller fur l'impartialité & la juftice des furveillans, & de les obliger à obferver le réglement propofé, toutes les fois que volontairement ou involontairement ils auront manqué aux devoirs qui y font prefcrits.

Tels font les réglemens généraux par lefquels le Légiflateur devroit diriger l'ufage des châtimens ; leur rapport avec le fyftême général de l'éducation morale

K 2

est évident. Voyons maintenant quel est le rapport des réglemens relatifs à la religion.

ARTICLE VI.

De la Religion.

Si je n'écrivois pas pour tous les pays, pour tous les peuples, & pour tous les temps ; si l'universalité & la durée n'étoient pas l'objet de la science de la Législation, ou plutôt s'il ne pouvoit exister qu'un seul système d'opinions religieuses, & une seule forme de culte public, dans la longue durée des siècles & au milieu de tant de nations différentes, je ne négligerois pas certainement d'entrer dans tous les détails qui tiennent à ce sujet, & que mon plan m'oblige de laisser à l'écart ; & au lieu de me borner à quelques principes susceptibles d'une application plus générale, j'exposerois avec étendue tous ceux qui doivent diriger cette partie morale de l'éducation. Après cette réflexion préliminaire, le lec-

teur ne m'accufera pas, je l'efpère, d'a-
voir attaché peu d'importance à cet objet effentiel, en me voyant traiter cette
matière avec brieveté, & d'une manière,
en apparence fuperficielle. Je paffe maintenant à l'expofition du petit nombre de
règles qui me paroiffent fufceptibles d'un
ufage plus général.

Sans admettre ni rejeter le principe
connu de l'Auteur d'Emile, fur l'âge où
il conviendroit de donner les premières
idées de religion à un enfant, on peut
convenir, ce me femble, que fon fyftême ne peut être admis dans aucun
plan d'éducation publique. Les motifs
de cette impoffibilité d'application me paroiffent fi évidens par eux-mêmes, que
je crois inutile de les développer.

L'âge que je confacrerois aux inftitutions religieufes feroit celui que je deftine,
dans ce plan, aux inftructions morales.
Chaque dimanche, celles-ci feroient fui-
vies des autres, & c'eft le Magiftrat qui
feroit chargé de cette dernière inftruction. Si on m'objecte que ce foin devroit
plutôt être confié aux Miniftres des au-

tels , je répondrai que comme aucune
religion ne défend aux pères d'inſtruire
leurs enfans des dogmes qui la compo‑
ſent , elle peut beaucoup moins le défen‑
dre au Magiſtrat que l'autorité publique
a choiſi pour en remplir les devoirs; je
dirai que l'on ne doit jamais multiplier
inutilement le nombre des inſtituteurs ;
que l'on doit ſuppoſer au Magiſtrat beau‑
coup plus d'habileté dans l'art d'inſtruire
les enfans ſur cette matière , que n'en
peut avoir un homme qui s'eſt entière‑
ment occupé d'autres objets: je dirai en‑
fin que, juſqu'à ce que les intérêts du
Prêtre ſoient parfaitement d'accord avec
les intérêts de la ſociété , il eſt extrême‑
ment dangereux de donner à ces hommes
quelqu'influence ſur l'éducation publique.

Comme il ne faut pas faire des en‑
fans autant d'idolâtres ou d'*antropomor‑
phites*, le Magiſtrat ne négligera aucun
des moyens qui peuvent leur donner l'idée
la plus ſimple & la plus auguſte de la
divinité , en rejetant avec ſoin de ſes diſ‑
cours toutes les expreſſions propres à faire
aſſocier cette idée à des images maté‑

rielles, affociation à laquelle l'efprit de
l'homme eft naturellement difpofé.

« Ne vous efforcez pas, leur dira-t-il,
de concevoir la nature de l'être que vous
devez adorer ; qu'il vous fuffife de favoir
que rien de ce que vous voyez, de ce
que vous touchez, de ce que vous con-
noiffez, ou de ce que vous pouvez connoître, ne conftitue fon effence. Auteur
de tout ce qui exifte, une diftance infinie
& incompréhenfible fépare l'ouvrage de
l'ouvrier fuprême. Le commencement &
la fin n'ont aucun rapport avec lui,
parce qu'il a toujours été, & qu'il fera
toujours. Pure intelligence, il n'a avec
la matière d'autre rapport que celui de
l'avoir créée & de la conferver. Dans cette
partie de l'Univers que nous habitons,
l'homme eft, de tous les êtres, celui qui
a reçu de lui un plus grand nombre de
bienfaits, & qui doit par conféquent être
pénétré pour lui de la plus profonde reconnoiffance. Le refpect & l'amour de
l'Etre Suprême renferment une partie des
devoirs qui naiffent de cette reconnoiffance ; l'autre partie confifte à répondre

K 4

à la deſtination qu'il lui a donnée. La première ſuite de ces devoirs ſera l'objet des inſtructions religieuſes; la ſeconde ſera l'objet des inſtructions morales ».

C'eſt à peu près de cette manière que le Magiſtrat devroit donner aux enfans l'idée de la Divinité , & leur expoſer les devoirs qui y ſont relatifs. J'ai voulu plutôt indiquer l'ordre des penſées , que le développement qu'on doit leur donner. C'eſt au Magiſtrat de préſenter ces idées dans leur véritable jour, & de les mettre à portée des enfans de cet âge (1).

Je ne rechercherai pas ici comment le Magiſtrat doit développer les principes particuliers de la religion nationale & du culte public , parce que cette recherche , comme je l'ai déjà dit , ſeroit impoſſible, vu l'immenſe variété des religions & des cultes. Je me bornerai à lui conſeiller de déployer le plus grand zele, pour prévenir le fanatiſme & les fauſſes idées de morale qui pourroient naître des fauſſes

_____

(1) Voy. dans le premier article de ce chapitre ce que j'ai dit ſur l'âge deſtiné aux inſtructions morales.

idées de religion ; idées bien plus dangereufes dans cette claffe que dans toutes
les autres , parce que , deftinée à fervir
la fociété de fes bras , elle n'eft pas en
état de participer à ces inftruƈions & à
ces connoiffances qui , dans les autres
claffes , peuvent détruire les premières
impreffions de l'erreur.

La pratique du culte fera conforme à
l'idée que le Magiftrat en aura donnée ;
un petit nombre de prières fimples &
courtes , mais pleines des principes lumineux de la morale univerfelle , feront ré-
citées chaque jour, matin & foir , par
les enfans en préfence des furveillans. Le
filence & la dignité accompagneront cet
exercice journalier du culte religieux.

Voilà tout ce que la généralité de mon
plan me permet de dire relativement à la
religion. C'eft à chaque Légiflateur particulier de fuppléer à cette partie du
fyftême d'éducation morale.

CHAPITRE XI.

Règles générales sur l'éducation scientifique
de cette premiere classe.

JE mettrai autant de brieveté dans cette troisième partie de mon plan d'éducation populaire, que j'ai mis d'étendue dans les deux autres ; il suffit de réfléchir un instant à l'objet qu'elle embraffe, pour fentir combien elle doit être reftreinte à l'égard de la claffe dont nous nous occupons.

Les inftruétions communes aux enfans de cette claffe fe réduifent à leur apprendre à lire & à écrire dans leur propre langue, à leur enfeigner cette partie de l'arithmétique qui eft néceffaire à leur deftination, à les former aux exercices militaires, & à leur faire connoître les lois de la patrie, qui doivent régler leurs aétions, les éloigner du crime, & les protéger contre la violence & la fraude.

Il y aura dans chaque communauté un

inſtituteur pour les trois premiers objets;
il y en aura un autre pour le quatrième,
& le Magiſtrat ſera chargé du dernier.

Les enfans qui n'ont pas encore atteint
l'âge néceſſaire pour être admis aux inſtruĉtions morales (1), emploieront l'heure
deſtinée à cet objet à apprendre à lire & à
écrire (2). Lorſque l'heure des inſtructions morales ſera terminée, & pendant
que le Magiſtrat prononcera un diſcours
moral aux enfans de la troiſième diviſion,
c'eſt-à-dire, à ceux qui ont achevé le ſecond cours des inſtruĉtions morales; la
moitié de l'heure deſtinée à cet objet
ſera employée à l'inſtruĉtion de l'arith-

(1) Voy. l'art. 1 du chap. précédent.

(2) La méthode inventée dernièrement pour enſei-
gner à lire & à écrire à pluſieurs enfans en même temps,
eſt extrêmement utile; je la rapporterois ici, ſi elle
n'étoit généralement connue. Un ſeul maître peut,
avec cette méthode, inſtruire pluſieurs enfans à la fois,
& cette inſtruĉtion générale exige moins de temps que
l'inſtruĉtion d'un ſeul. Une partie du temps deſtiné à
cette inſtruĉtion de leĉture & d'écriture, ſera employée à lire & à écrire les chiffres numériques; ce qui
eſt également facile, d'après la même méthode.

métique, par les enfans de la pren :
divifion & par ceux de la feconde (1).

On n'apprendra les exercices militaires
qu'aux enfans qui ont terminé les deux
années du cours d'inftruðions morales, &
on confacrera à cet objet l'heure que les
enfans de la feconde divifion emploient
aux inftruðions morales. Ces exercices fe
continueront jufqu'à la fin de l'éducation;
ils feront dirigés par les règles de la véritable taðique, & non par ces ridicules
mouvemens de théâtre auxquels on en a
trop fouvent donné le nom. Quelques
évolutions fimples & promptes, de lon-
gues marches réglées & rapides feront les

----

(1) Afin de prévenir toute équivoque, j'avertis que
j'appelle enfant de la première divifion ceux qui ne font
pas encore admis aux inftruðions morales, c'eft-à dire,
ceux qui n'ont pas encore atteint l'âge de fept à huit ans,
époque à laquelle ils font admis à ces inftruðions. Les
enfans de la feconde divifion font ceux qui font admis à
ces inftruðions, & par conféquent qui s'avancent de la
feptième ou huitième année à la neuvième ou dixième.
Les enfans de la troifième divifion font ceux qui font
admis aux difcours moraux, depuis la neuvième ou dixième année jufqu'à la fin de l'éducation.

principaux objets de ces exercices (1).
Défenseur né de la patrie, chaque citoyen feroit, de cette manière, parfaitement inftruit d'un art qui eft aujourd'hui,
d'une manière fi dangereufe, le métier
exclufif d'un nombre immenfe de mercenaires oififs ; & notre plan de réforme fur
ce fujet (2) recevroit de cette inftitution
un nouvel appui, & une plus grande facilité d'exécution.

La dernière inftruction commune à
tous les enfans de cette claffe confifte,
comme je l'ai dit, dans la connoiffance
de cette partie des lois nationales, qui,
dans un État bien réglé, doit être commune à tous les citoyens. Si un code de
lois.étoit véritablement ce qu'il doit être ;
s'il étoit formé d'après le plan que nous
traçons dans cet ouvrage, un cours rapide de leçons fuffiroit pour inftruire chaque individu de la partie des lois qui doi-

---

(1) On peut voir dans le chap. 3 du liv. 1 des inftitutions militaires de Vegace, combien ces principes font
conformes à ceux de la difcipline ancienne.

(2) Voy. le tom. 2 de cet Ouvrage, chap. 7.

vent diriger fa conduite perfonnelle. On
devroit, pour remplir cet objet, faire un
extrait du code qui contînt la portion du
droit qui répond à ce but. Cet extrait
feroit partagé en quarante-huit leçons,
de manière qu'en apprenant une leçon
chaque dimanche, le cours entier pût
être achevé en une feule année : on n'y
admettroit que les enfans qui font entre
l'avant-dernière & la dernière année de
leur éducation. Par ce moyen, chaque
citoyen, avant de fortir de l'éducation
publique, connoîtroit bien cette partie
de l'inftruction.

Il eft évident que, dans toutes les
formes de gouvernement où la claffe dont
je m'occupe ici participe à l'exercice de
la fouveraineté, cette inftruction devroit
être fuivie de la connoiffance approfondie
des principes généraux de l'ordre focial,
& de toutes les notions particulières que
rendent indifpenfables pour eux, comme
pour la fociété entière, les fonctions publiques qu'ils doivent exercer. Dans ces
gouvernemens, on confacrera donc la
dernière année de l'éducation à cette

efpèce d'inftruction. Comme elle eft extrêmement importante de fa nature, elle
doit être dirigée par la loi d'une manière
exacte & précife, afin de ne laiffer aucun
arbitraire fur cet objet au Magiftrat inftituteur.

J'indiquerai, dans le chapitre de la
diftribution des heures, le temps que l'on
doit deftiner à ces objets.

A ces inftructions, qui doivent être
communes à tous les individus de cette
claffe, il faut joindre celles qui concernent les élèves des diverfes claffes fecondaires, dans lefquelles cette première
claffe eft fubdivifée.

Mais quelles font ces inftructions, &
quelle eft la manière de les communiquer ? Tel eft l'objet du chapitre fuivant.

CHAPITRE XII.

Instructions particulieres pour les éleves des différentes classes secondaires, dans lesquelles cette premiere classe est subdivisée.

DANS le chapitre relatif à la division & à la destination des enfans dans les différentes classes secondaires entre lesquelles la première classe principale est subdivisée, on a laissé à chaque surveillant le soin d'instruire dans la profession qu'il exerce, les enfans qui lui sont confiés. Mais comme l'agriculture, de même que les arts & tous les objets des travaux manuels des hommes sont susceptibles de perfectionnement; comme la méthode usitée dans un pays n'est pas convenable dans un autre ; comme les conditions que nous exigeons des surveillans ne nous permettent pas de

suppofer

fuppofer dans celui-ci le calcul & les connoiffances que cet objet rend indif-penfables. Enfin, comme il feroit non feulement utile, mais néceffaire, que les préjugés qui exiftent, foit en agriculture, foit dans les arts, fuffent détruits, que les découvertes nouvelles fuffent adop-tées, & que les vrais principes de l'éco-nomie publique fe répandiffent de toutes parts, je me fuis occupé à chercher un moyen qui pût répondre à un but fi im-portant. Après avoir long-temps médité fur cet objet, je n'ai pas cru qu'on pût en imaginer un meilleur que l'inftitution d'une fociété économique, dont les membres répandus dans toutes les pro-vinces de l'Etat fe communiqueroient librement leurs réflexions fur les vues de perfectionnement dont feroient fufcep-tibles, dans leurs cantons réciproques, les objets qui forment l'occupation des individus des diverfes claffes fecondaires dont je parle. Lorfque ces idées au-roient eu l'approbation de la fociété, chaque furveillant feroit obligé d'adopter, dans la matière qu'il enfeigne, la nouvelle

Tome VI. L

méthode qui feroit prefcrite. Ces inftructions pratiques, en même temps qu'elles
ferviroient à la perfection de l'Agriculture
& des Arts, communiqueroient aux enfans les nouvelles découvertes, & les
accoutumeroient à ne pas attacher tant
de prix aux vieux ufages, qui d'ordinaire
ont le plus grand empire fur l'opinion du
peuple.

Il eft inutile de dire que, dans les pays
agricoles, l'Agriculture eft le premier objet qui doive fixer les regards de cette
fociété. Dans la troifieme partie de ce
quatrième livre, lorfqu'il fera queftion des
lois relatives à l'inftruction publique, nous
parlerons avec étendue de l'inftitution de
cette fociété économique, & nous indi-
querons les lois fuivant lefquelles elle doit
être établie & dirigée. Il fuffit ici d'obferver l'influence de cette fociété fur le plan
d'éducation populaire.

Deux inftructions inutiles aux éleves
de quelques-unes de ces claffes fecondaires feroient néceffaires aux élèves de
plufieurs autres claffes. C'eft l'étude de la
Géométrie - pratique & du deffin. On

fait combien l'ignorance de ces deux objets nuit à la perfection de la plus grande
partie des Arts ; on fait quelle foule d'erreurs naiffent chaque jour de cette ignorance, quelle perte de temps il en réfulte ;
quelle multitude d'effais infructueux exige
le même travail, & quelle imperfection
en eft fouvent le réfultat ? Je crois donc
non feulement utile, mais néceffaire d'é-
tablir dans chaque communauté ces deux
efpèces d'inftructions, auxquelles on n'ad-
mettra que les élèves de ces claffes fecondaires qui en ont befoin. On deftinera
à cet objet l'heure qui fuit celle des difcours moraux ; en forte que les enfans
qui auront atteint l'âge requis pour être
admis à ces difcours, & qui appartiennent
aux claffes fecondaires auxquelles ces inftructions particulières font deftinées,
iront pendant une année entière, une
heure plus tard que les autres, à l'exercice
du métier qu'ils doivent profeffer. Ces
deux inftruction, néceffaires jufqu'à un
certain point, auront pour borne la nature
de la deftination de ces enfans. Tout ce
qui eft inutile doit être rejeté d'un plan

d'éducation publique, où chaque moment eſt ſi précieux, qu'on ne pourroit
l'employer à un objet indifférent, ſans
le dérober à un objet eſſentiel, & où il eſt
néceſſaire de proportionner toujours la fin
avec les moyens par leſquels on veut l'obtenir. C'eſt par le premier de ces motifs
que l'on doit borner à une heure par
jour, & à une ſeule année, la durée de
ces deux inſtructions ; quant au ſecond,
afin d'éviter la dépenſe d'un inſtituteur
particulier, on chargeroit de ces deux
inſtructions la perſonne même qui ſeroit
employée aux trois inſtructions communes dont j'ai parlé dans le Chapitre précédent. La différence des heures où ces
diverſes inſtructions auroient lieu, leur
courte durée (1), & la facilité de trouver
dans la même perſonne les connoiſſances
néceſſaires à ces différens objets, peuvent juſtifier ce projet d'économie de
temps.

Si l'on obſerve la nature des différentes profeſſions auxquelles les enfans de la

_____

(1) Elles ne dureroient que deux heures & demie.

première claffe doivent être deftinés, on
fentira aifément qu'il y en a plufieurs qui
ne peuvent occuper un homme dans tous
les temps de l'année. Quelques-unes n'offrent cette exception que dans certains
climats feulement ; d'autres laiffent un
intervalle d'inaction de plufieurs jours ;
d'autres enfin peuvent fe lier avec des
occupations d'un genre différent. Ainfi,
par exemple, les perfonnes employées à
extraire la foie ne font occupées que
pendant un certain temps de l'année. Dans
certains climats, le Cultivateur eft entièrement oifif pendant l'hiver. Dans les
mauvais temps, le Pêcheur refte fur la
plage, fans pouvoir exercer fon métier.
Le Berger, lorfque fon troupeau eft arrêté
dans les pâturages ; le Marinier, foit lorfqu'il eft dans le port, foit lorfque les
vents conduifent tranquillement fon
vaiffeau, ou qu'il attend dans la rade le
terme du jour fixé par la loi pour le
maintien de la fanté publique, pourroient fe livrer à un travail compatible
avec leur fituation refpective ; & ce
travail, en l'éloignant de l'oifiveté,

multiplieroit pour lui les moyens de fubfiftance (1).

Tous les enfans deftinés aux différentes profeffions de ce genre feront donc
encore inftruits d'un autre art qui foit

---

(1) Je dois prévenir ici une difficulté qui pourroit
naître de l'application de ce plan d'éducation populaire
à l'inftruction de cette portion d'enfans deftinés à la profeffion de Marinier. Comment, me dira-t-on, concilier
avec votre plan l'inftruction du Marinier, qui fuppofe
l'ufage de la navigation? Cette objection femblera fri-
vole à ceux qui n'ignorent pas tout ce qui eft néceffaire
pour former un bon Marinier. Si un homme, à l'âge de
dix-huit ans, eft inftruit de tout ce qui concerne le
gréement & l'équipement d'un vaiffeau; s'il eft habi-
tué à grimper au haut des mâts, & à en defcendre avec
agilité; s'il exécute, en un mot, avec adreffe & facilité,
tout ce qui eft relatif à fa profeffion, il n'aura befoin
que d'une ou deux années de navigation pour devenir
un excellent homme de mer. Or les premieres inftructions pourroient très-bien fe concilier avec ce plan d'é-
ducation publique. Quelques petites courfes fur mer,
jointes à l'exécution de ce plan, fuffiroient pour accoutumer les enfans à l'élément fur lequel ils doivent paffer
une partie de leur vie. Sortis de l'éducation publique, ils
fe perfectionneroient bientôt dans leur art, & devien-
droient fupérieurs à ceux qu'a formés une longue &
tardive pratique. C'eft aux hommes de mer éclairés à
prononcer fur cette idée.

compatible avec elles, & ils confacre-
ront à cette inftruction un temps qui feroit perdu pour eux, s'ils n'apprenoient
uniquement que le métier auquel ils font
deftinés. Le Magiftrat aura foin de choifir l'art le plus compatible avec celui auquel il doit fuppléer; & le furveillant fera
chargé de conduire les enfans qui lui font
confiés, chez l'homme qui exerce cet
art, dans tous les temps de l'année où
ils ne pourront s'occuper de leur propre
métier. Les progrès de l'induftrie nationale, une plus forte habitude d'occupation, un plus grand éloignement de
l'oifiveté, une manière de fubfifter plus
facile, plus commode, moins précaire;
tels feroient les effets falutaires d'une
inftitution, qui, devenue la fource de
tant d'avantages, n'altéreroit en aucune
manière l'ordre général de ce plan d'é-
ducation populaire. La démonftration de
cette vérité eft l'objet du chapitre fuivant.

L 4

CHAPITRE XIII.

De la diſtribution des heures.

JE crois néceſſaire de parler ici de la diſtribution des heures, afin de donner plus de préciſion & de clarté à ce plan d'éducation populaire. J'aime mieux m'expoſer au riſque d'ennuyer le leċteur, que de laiſſer de l'indéciſion ſur la poſſibilité d'exécuter le plan propoſé. Je n'indique pas l'heure où l'on doit éveiller les enfans, parce qu'elle doit varier avec les faiſons & les climats. Je parle ſeulement de la diſtribution des heures, depuis l'inſtant du réveil. La premiere heure ſera employée à s'habiller, à faire la priere dont j'ai parlé, à faire ſa chambre, & à déjeûner.

Chaque ſurveillant conduira enſuite ſes élèves dans le gymnaſe public; c'eſt là que ſe feront les trois diviſions que j'ai propoſées.

Les enfans de la première diviſion feront conduits dans le lieu où l'on enseigne à lire & à écrire ; ceux de la seconde dans le lieu destiné aux instructions morales ; ceux de la troisième, dans le lieu destiné aux exercices militaires. Ces trois diverses instructions rempliront la seconde heure.

Les enfans de la seconde division qui ont assisté aux instructions morales, se joindront ensuite aux enfans de la première division, pour recevoir les leçons d'arithmétique. Ceux de la troisième division iront assister au discours de morale prononcé par le Magistrat, suivant le plan que nous avons proposé. On consacrera une demi-heure à ces objets.

Après cette demi-heure, les enfans retourneront sous la garde de leurs surveillans, & seront conduits par eux à l'exercice des diverses professions auxquelles ils sont destinés, ou à celles qui doivent leur servir de supplément, lorsque la nature de leur destination & les circonstances indiquées ci-dessus l'exigeront.

Ceux qui appartiennent aux classes

secondaires, pour lesquelles les instructions particulières de la Géométrie-pra-
tique & du Dessin sont établies, s'y rendront, comme je l'ai dit, une heure plus
tard, pendant l'année destinée à cet
objet.

La seconde moitié de la troisième
heure & les trois heures suivantes seront employées à l'exercice des différentes professions.

Le dîner commencera à la septième
heure, & un court intervalle de repos la
terminera (1).

A la huitième heure, on reprendra
l'exercice du métier que l'on a embrassé,
& on le continuera jusqu'à la fin de la
neuvième heure.

Au commencement de la dixième sera
fixé le second repas. On conduira ensuite

_____

(1) Ceux qui, comme les Agriculteurs, exercent
des Arts dont la nature oblige de s'éloigner du lieu de
leur habitation, pourront, afin de ne pas perdre leur
temps en allées & venues, manger dans le même lieu
où ils seront occupés à travailler. On les accoutumera,
par ce moyen, au genre de vie qu'ils doivent commencer
de mener lorsqu'ils auront atteint l'âge d'adolescence.

les enfans dans le lieu deſtiné aux exercices communs qui doivent diſtraire leur
imagination & fortifier leurs corps. Ces
exercices auront lieu juſqu'à la fin de la
douzième heure.

A la treizième heure, les enfans retourneront auprès de leurs ſurveillans, &
ſeront conduits par eux dans leurs habitations reſpectives. Cette heure ſera encore employée par les enfans aux plaiſirs
innocens qu'ils aimeront le mieux.

La quatorzième heure ſera deſtinée au
ſouper & à la prière que j'ai propoſée. Les
enfans de la première diviſion, qui ne ſont
pas encore initiés aux inſtructions religieuſes, ſeront exclus de la prière du matin & de celle du ſoir, parce qu'il ſeroit
imprudent & dangereux de les accoutumer à proférer des paroles qui n'expriment
pour eux ni des idées, ni des ſentimens.
On leur impoſera, pendant ce temps,
un rigoureux ſilence. Spectateurs d'un
culte religieux, auquel ils ne pourront
participer, cette privation leur inſpirera
le déſir d'y être admis, & le reſpect im-
poſant dont leurs camarades ſeront pé-

nétrés, rendra toujours plus augufte à leurs yeux l'être fuprême à qui l'on offre cet hommage.

La prière terminée, les enfans de la premiere & de la feconde divifion iront fe coucher, & ceux de la troifième pourront, à leur gré, s'occuper, jufqu'à onze heures, des lectures que j'ai propofées.

La veille des fêtes, cet ordre fera changé, afin qu'on puiffe fe livrer aux exercices nocturnes dont j'ai indiqué le but & les avantages dans la partie phyfique de l'éducation. Ces exercices rempliront la quinzième heure; & comme, les jours de fête, le réveil fera retardé d'une heure, la durée du fommeil n'éprouvera aucun changement.

Telle eft la diftribution des heures dans les jours de travail; voici celle des jours de fête.

La première heure fera employée de la même manière que les autres jours; à la feconde, les enfans feront conduits à l'églife, pour affifter aux cérémonies du culte public.

Les cérémonies terminées à la troisième heure, les enfans de la seconde division qui doivent assister aux instructions religieuses, feront conduits par le Magistrat dans le lieu destiné à cet objet ; & pendant ce temps, ceux de la première & de la troisieme division pourront, à leur gré, s'occuper des exercices gymnastiques dans le lieu qui leur est consacré.

A la quatrième heure, les enfans de la seconde division se joindront aux autres, pendant que ceux qui ont atteint l'âge fixé pour l'instruction des lois nationales, iront assister aux leçons du Magistrat relatives à cet objet (1).

A la cinquième heure, tous les enfans se réuniront de nouveau, & ils seront

---

(1) Qu'on se rappelle ce que j'ai dit par rapport aux Gouvernemens dans lesquels la classe dont je parle participe à l'exercice de la souveraineté. L'instruction particulière proposée pour cet objet aura lieu les jours de fêtes, & aux heures que j'indique ici. On fera en sorte seulement que celle dont j'ai parlé dans le texte remplisse dans ces Gouvernemens l'avant-dernière année, & celle ci la dernière.

conduits par les élèves dans le lieu deſtiné à l'inſtruction de natation. Cet exercice remplira la cinquième heure, & une
partie de la ſixième.

A la fin de la ſixième heure, tous les
enfans ſe rendront dans leurs habitations,
& le repos commencera avec la ſeptième
heure.

Depuis la huitième juſqu'à la fin de la
douzième, ils ſe livreront à des exercices publics & communs.

A la treizième heure, ils rentreront
dans leurs habitations, & le reſte de la
journée ſera employé ſuivant l'uſage ordinaire.

Parlons maintenant de la durée &
du terme de l'éducation dans cette
claſſe.

CHAPITRE XIV.

De la durée & du terme de l'éducation de cette classe.

L'ÉDUCATION des enfans de cette classe devroit durer treize ans , & se terminer à la dix-huitième année de leur vie. Une durée plus courte ou plus longue , un terme plus rapproché ou plus éloigné exposeroient à des inconvéniens de plusieurs sortes , dont le développement exigeroit ici un examen trop détaillé.

Les enfans de cette classe , parvenus à leur dix-huitième année , attendront le jour de la cérémonie qui doit précéder leur émancipation publique , & les faire sortir des mains du Magistrat & de la loi , pour les remettre dans celles de l'autorité paternelle. Or, comme cette émancipation publique, telle que nous l'avons imaginée , & qu'elle sera exposée dans le chapitre suivant , ne pourra être exécutée

qué dans un temps fixé par la loi , & que
tous les enfans qui termineroient dans la
même année le cours de leur éducation ,
ne pourroient la terminer , ni le même
mois , ni le même jour ; afin de rendre
cette différence la plus légère poffible ;
on établiroit dans le cours de chaque
année deux jours pour l'émancipation publique ; à fix mois d'intervalle l'un de
l'autre.

Par ce moyen , tous les enfans qui,
dans l'un & l'autre cas , auroient atteint
le terme de leur éducation , ou à qui il
ne manqueroit que quelques jours pour
l'atteindre , feroient admis à l'émancipation publique. La différence feroit peu
fenfible , & l'émancipation pourroit être
accompagnée des cérémonies , & terminée par les moyens les plus propres à
achever une éducation de cette nature.

CHAPITRE

CHAPITRE XV.

Des cérémonies de l'émancipation publique,
& de la maniere dont elles doivent être
réglées par la loi.

Il est dans la vie des époques particulières, qui ne peuvent jamais être oubliées. Telle seroit celle de l'émancipation dont je parle ici. Le changement qu'elle fait naître dans l'état de l'homme est si grand de sa nature, que les plus nombreuses années ne pourroient effacer le souvenir, non seulement de l'acte qui le produit, mais des circonstances qui l'ont précédé & accompagné. Tâchons donc de donner à cet acte & à ces circonstances la plus grande efficacité possible ; tâchons d'en rendre l'impression profonde, & l'influence toujours sensible pendant tout le cours de la vie.

Une des erreurs de notre siècle est d'offrir, pour ainsi dire, la raison dans toute sa nudité ; comme si l'homme n'étoit

Tome VI. M

qu'une pure intelligence. En négligeant
la langue des fignes, qui parle à l'imagination, on a renoncé au plus puiffant des
langages.

Il femble que nous ayons entièrement
oublié ce que les anciens favoient fi bien;
c'eft que l'impreffion de la parole eft foible en elle-même; que l'on parle au cœur
par le fecours des yeux, beaucoup plus
fortement que par celui des oreilles, &
qu'un Orateur eft quelquefois d'autant
plus éloquent qu'il parle moins.

Lycurgue veut convaincre les Spartiates de la fublimité de fon auftère difcipline; il fait combattre deux chiens, dont
l'un étoit aguerri aux exercices de chaffe,
& l'autre amolli dans l'oifiveté domeftique. Thémiftocle, réfugié chez Admete,
fon mortel ennemi, prend entre fes bras
le fils de fon hôte, le pofe fur l'autel au
milieu des dieux domeftiques, & lui rappelle de cette manière les droits & les
devoirs de l'hofpitalité. Pour foulever le
peuple de Rome contre les Tarquins,
Brutus lui montre le cadavre de Lucrèce;
& pour venger la mort de Céfar, An-

toine fait conduire dans la place publique
le corps du Dictateur couvert de sa
robe ensanglantée. Dans les conjurations,
le chef conduisoit ses complices dans une
caverne ou dans les souterrains d'un édifice ; il immoloit une victime, il en re-
cueilloit le sang dans une coupe ; les con-
jurés y trempoient leurs armes , & en
buvoient ; ensuite, après une courte ha-
rangue, il proféroit le terrible serment.
De tels moyens sont étrangers à notre
éloquence moderne. Nous nous perdons
en raisonnemens ; nous ne donnons rien
à l'action. Par cette méthode , nous pouvons bien convaincre , nous ne pouvons
rien exciter ; nous produisons la certitude,
nous n'inspirons aucun sentiment ; nous
arrêtons , & nous ne pouvons mouvoir.

Suivons une méthode contraire ; imi-
tons les anciens ; joignons les raisonnemens aux actions , les paroles aux signes ;
revêtons les actes civils des cérémonies
imposantes des actes religieux ; frapppons
en même temps l'esprit & le cœur ; par ce
moyen, nous persuaderons & nous ferons
agir tout à la fois.

M 2

Comme cela eft vrai pour tous les hommes, & beaucoup plus encore pour les jeunes gens, dont l'imagination eft plus vive, plus féconde, plus puiffante dans fes effets, j'ai cru pouvoir régler l'émancipation publique d'après la forme fuivante.

Tous les enfans des différentes communautés comprifes dans la même province, qui auront atteint l'âge fixé par la loi, pour être le terme de l'éducation publique, feront conduits la veille du jour deftiné à l'émancipation publique, dans le lieu de la province où réfide le Magiftrat fuprême d'éducation. Refpectable par fon âge, par fa charge, & par les qualités perfonnelles néceffaires pour en être revêtu (1), ce Magiftrat fera dans

----

(3) Je le répete, cette Magiftrature devroit être une des charges les plus refpectables de l'Etat ; elle devroit devenir la récompenfe des plus grands fervices rendus à la patrie ; & comme elle feroit peu pénible & très-honorable, elle pourroit être exercée par les hommes les plus diftingués par leurs vertus & leurs talens, à qui l'âge interdit des fonctions plus fatigantes. Le

ce jour l'interprete de la patrie & l'organe de ses sentimens.

Une marche majestueuse & imposante conduira les enfans dans l'églife, où Ils auront une place diftinguée. Les portes seront ouvertes à tout le monde. Le Magiftrat sera assis sur un trône élevé, & la dignité de fa charge fera indiquée par les fignes de fa magiftrature. Sur un trône plus élevé fera placé le code des lois. L'autel fera orné des emblêmes des vertus civiles, & la cérémonie commencera par un hymne de reconnoiffance. Cet hymne, compofé par des Philofophes, fera chanté par le Prêtre, & tous les enfans le répéteront en chœur. Le ftyle en doit être fimple & fublime, & dans l'idiome vulgaire. La mufique en fera compofée d'après les principes des anciens, qui favoient mieux la combiner que nous avec les vues de la loi & les intérêts de la fociété (1).

Guerrier célèbre & le Magiftrat illuftre pourroient également en être revêtus, & concourir de la même manière à l'objet de la loi.

(1) Dans Homere, les Muficiens font appelés infti-

L'hymne terminé, un héraut ordonnera, au nom de la loi, le silence & l'attention, & le Magistrat prononcera alors
le discours suivant (1).

« Enfans de la patrie, élèves du Magistrat & de la loi, écoutez les derniè-
res leçons d'un homme qui, pendant
treize ans, a veillé sur votre enfance, &
présidé à votre éducation.

» L'ignorance & l'erreur étoient l'héritage que vos pères vous avoient destiné. La contagion de la bassesse & des
vices étoit le danger qui menaçoit votre
adolescence. La dépression ou le crime en
eût été le triste fruit dans la maturité de
l'âge. Esclaves avilis, ou violateurs des
lois, l'ignominie ou le châtiment eussent
suivi de près toutes vos actions. Le cheval
& le bœuf, compagnons de vos travaux,

tuteurs, & personne n'ignore quelle étoit l'influence
de la musique dans le système de l'éducation de Pythagore
& de Platon.

(1) Comme ce discours ne doit pas être composé par
le Magistrat, mais littéralement prescrit par la loi, j'ai
cru devoir indiquer la maniere dont il devroit être fait.

auſſi peu raiſonnables que vous, mais
plus forts, auroient été bien plus précieux
à la ſociété. Sans amour pour la patrie,
à qui vous auriez été indifférens, vous
n'euſſiez eu de citoyens que le nom,
comme vous n'aviez d'hommes que
l'image. Avilis à vos propres yeux, vous
l'auriez été bientôt à ceux des autres;
vous n'auriez pu vous ſouſtraire au mépris que par la violence, les outrages, &
le crime. Peut-être la protection des lois
auroit-elle pu vous garantir des attentats
de la force; mais qui auroit pu vous défendre des outrages de l'opinion?

» Une éducation ſemblable à celle que
vous avez reçue pouvoit ſeule vous préſer-
ver de tant de maux; elle ſeule pouvoit
ſubſtituer l'inſtruction à l'ignorance, la
vérité aux erreurs; elle ſeule pouvoit, dans
la condition où vous êtes nés, vous ſouſtraire à l'influence meurtrière des vices
& de l'aviliſſement; elle ſeule pouvoit
vous inſpirer l'idée de votre propre dignité, & vous préparer à l'eſtime des autres par l'eſtime de vous-même; elle
ſeule pouvoit vous rendre dignes d'ap-

partenir à une ville , & de mériter le nom
de citoyens.

» C'eſt à la patrie que vous devez tous
ces bienfaits. Qui de vous pourroit être
ingrat envers elle ? que devez-vous faire
pour ne pas l'être ?

» Soyez heureux, cherchez le bonheur;
mais ne vous trompez pas dans le choix
des moyens qui doivent vous le procurer.
Telle eſt la reconnoiſſance que la patrie
exige de vous. Vous ſerez heureux & reconnoiſſans , ſi vous cherchez le bonheur
dans le ſentiment de l'innocence , dans le
travail , dans la modération , dans la fru-
galité ; vous ſerez heureux & reconnoiſſans , ſi vous cherchez le bonheur dans
les bras d'une épouſe vertueuſe , & non
dans ceux d'une femme publique ; dans
le ſein de votre famille , & non dans les
lieux de proſtitution ; ſi vous êtes envi-
ronnés des fruits d'un amour innocent ,
& non des gages de votre débauche ;
ſi vous reſpectez le lit d'autrui , comme
l'amour & l'honnêteté feront reſpecter
le vôtre ; ſi vous rempliſſez les devoirs
d'homme & de citoyen , non par crainte

des peines, mais par amour de la juſtice,
& par reſpect pour les lois. Vous ſerez
heureux & reconnoiſſans, ſi vous cherchez votre ſubſiſtance dans les moyens
de travail, & non dans les viles reſſour-
ces de la fourberie & de l'avidité ; ſi vous
aimez mieux courber votre corps vers
la terre que vous devez cultiver, que
devant l'homme puiſſant & riche qui
voudroit acheter votre aviliſſement ; ſi,
profitant des moyens que la nature & l'é-
ducation vous ont donnés pour pourvoir
vous-mêmes à votre ſubſiſtance, vous ne
vous réduiſez pas à la triſte ſituation de
la demander aux autres ; ſi, en un mot, vous
pouvez être utiles aux hommes ſans im-
plorer leur ſecours. Vous ſerez heureux
& reconnoiſſans, ſi vous renfermez vos
déſirs dans les bornes de votre condition ; ſi vos déſirs s'accordent toujours
avec vos devoirs ; ſi vous apprenez à
perdre tout ce qui peut vous être enlevé,
à renoncer à tout ce que la vertu vous
empêche d'avoir, à poſſéder tout ce qui
vous appartient, & à oppoſer de cette manière la ſtabilité de la jouiſſance à la fra-

gilité des biens. Vous ferez heureux &
reconnoiffans, fi vous cherchez votre
bonheur dans l'eftime du fage, & non
dans l'opinion de l'infenfé; fi vous la
cherchez dans des diftinctions vraiment
grandes & durables, & non dans de petites & éphémères jouiffances de vanité.
Vous ferez enfin heureux & reconnoiffans, fi vous aimez & défendez la patrie,
& les lois qui créent & protègent votre
félicité.

» Si le falut de la patrie vous oblige
de périr pour elle, vous ferez encore heureux au moment même qui précède &
accompagne ce facrifice. Dominés par
des paffions vertueufes, délivrés d'une
foule d'opinions abfurdes, vous le ferez
fur-tout de celle qui attache un fi grand
prix à la vie. En la terminant d'une manière fi utile & fi glorieufe, vous ne
croirez pas finir, mais commencer. Vous
avez déjà appris à connoître & à fentir
que la mort, qui eft le terme de la vie
de l'homme méchant & vil, eft le commencement de celle de l'homme vertueux.

« Enfans de la patrie, voilà tout ce que votre mère exige de vous ; elle vous a préparé la route qui doit vous conduire au bonheur, elle vous en a fourni les moyens. Si vous en profitez, elle sera dédommagée de ses bienfaits, & payée de ses soins. Approchez-vous donc du trône où sont placés ses décrets & l'expression de sa volonté ; portez votre main sur le code des lois, & que, dans cet acte solennel, votre cœur ratifie la promesse que vous allez faire de ne vivre que pour elle ».

Ici le Magistrat suspendra son discours, il descendra de son trône pour monter à celui où est placé le code des lois ; & tenant entre ses mains le livre auguste, il entonnera un cantique relatif à cette cérémonie, qui sera accompagné de la musique. Pendant ce temps, les enfans, l'un après l'autre, monteront sur le trône, & posant la main sur le code, prononceront la promesse indiquée.

Le cantique achevé, le Magistrat remontera sur son trône, & proclamera l'émancipation, en terminant son discours de cette manière.

» Citoyens, la loi, pleine de confiance dans vos promesses, vous appelle de ce nom, & moi, par son autorité, je vous en confere tous les droits. Les treize années que vous avez passées sous notre direction n'ont servi qu'à vous préparer à les obtenir. Il dépend aujourd'hui de vous de montrer que vous en êtes dignes. Sous la vigilance immédiate des instituteurs publics, vous n'avez pu nous donner que des espérances. Votre conduite future peut seule nous apprendre que nous ne nous sommes pas trompés. Loin de nous, abandonnés à la seule direction de la loi, vous devez remplir nos fonctions sur vous-mêmes ; vous devez être votre Magistrat & votre surveillant ; vous devez vous examiner & vous diriger ; vous devez, en un mot, hériter pour vous-mêmes de notre ministère & de nos soins ».

Le discours terminé, le Magistrat descendra de nouveau de son trône ; & aux pieds de l'autel, pendant que les Musiciens chanteront l'hymne de la concorde, le Magiſtrat & les élèves ſe donneront mutuellement le baiſer de paix. C'eſt par-là que ſe termineront les cérémonies de l'émancipation publique. Les élèves ſor-tis du temple feront conduits dans le lieu deſtiné au repas public, où préſidera le Magiſtrat lui-même. Au repas ſuccéde-ront les exercices militaires, après leſquels chaque élève ſera inſcrit dans le regiſtre des défenſeurs de la patrie, & ſortira du lieu d'éducation publique (1).

CHAPITRE XVI.

Moyens de fournir aux dépenſes qu'exige ce plan d'éducation populaire.

Il faut prévenir maintenant les plus fortes objeƈtions que l'on pourroit faire

(1) L'émancipation publique dont nous parlons ne devroit pas ſouſtraire les enfans à la dépendance de leurs peres & meres. Les droits précieux de la puiſſance pater-uelle doivent être protégés, & non détruits par les lois

contre le plan propofé. Enlevons, autant
qu'il eſt poſſible, aux ennemis du bien
le prétexte de le calomnier ; fortifions
les eſpérances du ſage, & renverſons les
obſtacles que ne ceſſent d'élever les inſenſés & les méchans.

Un gouvernement conſacre à un objet
la plus grande partie de ſes revenus. Les
avantages qu'il en retire ne ſont qu'apparens ; les maux véritables qui en ré-
ſultent ſont nombreux & funeſtes. Une
miſère profonde dans le peuple, un vide
immenſe dans la population, une perte
de bras conſidérable dans l'Agriculture,
le commerce, les arts, un obſtacle au
perfectionnement des mœurs, un appui à
leur dépravation, un moyen puiſſant de
ſervitude : tels ſont les maux plus ſenſi-
bles & plus immédiats qui naiſſent de
cette interverſion de dépenſe. Ceux qui

font moins fenfibles & moins immédiats, & que je néglige ici, ne font ni moins nombreux, ni moins effrayans.

Un autre emploi de ces revenus produiroit une foule de biens ; le phyfique & le moral du peuple fe perfectionneroit ; on préviendroit une grande partie des maux auxquels l'un & l'autre font expofés dans le plus bel âge de la vie humaine ; l'agilité, la force, & le courage augmenteroient, l'ignorance & les erreurs difparoîtroient ; les plus utiles vérités fe répandroient de toutes parts ; la contagion de la baffeffe & des vices feroit prévenue dans l'âge où elle eft la plus funefte & la plus commune. L'idée de fa propre dignité & des paffions grandes & utiles pénétreroit dans ia claffe d'individus que fa deftination en éloigne le plus ; l'Agriculture & les arts fe perfectionneroient par les inftructions pratiques qu'on recevroit dans l'enfance & dans la première jeuneffe ; d'utiles découvertes relatives à celles-là, naîtroient du même moyen. L'averfion de l'oifiveté, infpirée par l'habitude de l'occupation ; la multiplication

des moyens de pourvoir à la subsistance in-
dividuelle ; l'augmentation de l'industrie
nationale ; l'aptitude à défendre la patrie,
& la connoissance de cette partie des lois
nationales qui doivent régler la conduite
de chaque individu ; en un mot, tous les
avantages des peuples anciens sur les
modernes, combinés avec ceux des modernes sur les anciens ; l'énergie des petits Etats communiquée à de grandes Nations ; la vertu des Républiques introduite dans la Monarchie : tels sont les
avantages qu'on pourroit obtenir d'un
meilleur emploi des revenus publics.

Princes de l'Europe, si vous voulez
délivrer les peuples de tant de maux, &
les combler de tant de biens, supprimez
les armées sur pied (1), & occupez-vous
de l'éducation du peuple. Les trois quarts
de la portion des revenus publics que
vous employez à stipendier tant de mercenaires oisifs, suffiroient pour fournir

---

(1) Le Lecteur peut se rappeler ce que j'ai dit sur les
inconvéniens de la perpétuité des troupes, dans différens
endroits du tom. 2, & sur-tout dans le chap. 7.

abondamment

abondamment aux dépenses du plan d'éducation populaire que j'ai proposé ; le peuple les paieroit avec plaifir, parce qu'il verroit qu'ils font deftinés à le foulager, & non à l'opprimer; à l'élever, & non à le tenir dans la dépreffion; à nourrir, à élever fes enfans, & non à les acheter comme des efclaves. Le paiement de toutes ces contributions, au lieu de reftreindre le nombre des mariages, par le célibat & les vices de tant de milliers d'hommes, & de diminuer la population par la mifère que leur entretien & leur oifiveté fait naître dans les autres, favoriferoit tout à la fois & ces mariages, & cette population, foit par le perfectionnement du phyfique & du moral du peuple, fi néceffaire à la confervation comme à la multiplication des hommes, foit par le fecours qu'elle offriroit aux pères, en les délivrant d'une grande partie des dépenfes qu'exige la nourriture des enfans, & les foins de leur inftruction & de leur éducation. L'Agriculture, les Arts, & le Commerce, au lieu de languir par l'inaction de tant de milliers de bras, rece-

vroient une nouvelle vie de l'accroiffement de force , d'activité , d'inftruction , & d'induftrie du peuple. Les
mœurs, au lieu de fe corrompre au milieu d'une foldatefque oifive & céliba-
taire , trouveroient un appui inébranlable
dans une telle éducation. L'autorité privée d'une force toujours prête à foutenir,
à défendre fes aveugles volontés , rentre-
roit alors dans les bornes fixées par la
Conftitution , & elle feroit obligée de
refpecter & de maintenir la liberté civile.
Le defpotifme difparoîtroit alors de
l'Europe , & feroit place à un gouvernement énergique & modéré , auffi
favorable à la fûreté du peuple , qu'à la
fûreté de ceux qui le gouvernent. La patrie auroit des citoyens en temps de paix,
& des guerriers robuftes, courageux, &
adroits en temps de guerre. Au lieu de
ces êtres débiles, épuifés par l'oifiveté ,
les vices, & la faim ; au lieu de ces efclaves ftipendiés qui compofent aujourd'hui
nos armées, elle oppoferoit alors à l'ennemi, des hommes accoutumés à la fatigue , à l'intempérie des faifons , aux

exercices qui augmentent la vigueur &
l'agilité, animés de paffions grandes &
vertueufes, & inftruits des opérations militaires. Défenfeur né de la patrie, chaque
citoyen participeroit à ce devoir facré.
Des levées d'hommes forcées ne feroient
plus alors les funeftes préludes de la
guerre; la violence n'appelleroit plus a lors
les citoyens à la défenfe de la patrie, &
les fons du tambour ne feroient plus mêlés des gémiffemens de la douleur & des
cris du défefpoir. Enfin la nation entière
une fois armée pour fa défenfe, de petits
Etats auroient plus de force pour fe défendre, que n'en auroient pour les attaquer
les plus vaftes Empires, & les deux ou
trois Puiffances ambitieufes qui tourmen-
tent l'Europe, fe verroient alors obligées
de renoncer au deffein qu'elles ont affez
clairement manifefté de la divifer,
comme un héritage que leur donnent la
fupériorité de la force, & le mépris de
tous les droits & de tous les devoirs.

Tels font les avantages qui naîtroient
de cet heureux changement dans l'emploi
de la partie la plus confidérable des re-

N 2

venus publics. L'éducation de la feconde claffe, réglée par le Magiftrat & par la loi, n'auroit pas befoin des mêmes moyens d'exécution. Celle-ci, comme j'ai dit, ne devroit pas être établie aux dépens de l'E-tat, mais aux dépens des individus. Dans le chapitre fuivant, j'en indiquerai les motifs & les avantages (1).

---

(1) Je dois avertir ici que chez les Nations où le moyen propofé ne fuffiroit pas pour pourvoir à toutes les dépenfes de ce plan d'éducation populaire, le gou-vernement pourroit trouver les moyens d'y fuppléer par d'autres reffources également util : & puiffantes, & qui toutes font renfermées dans ce fyftême de légiflation. La vente des domaines de la couronne, dont j'ai montré dans le tom. 2 les funeftes effets fur l'Agriculture & l'Induf-trie ; une diminution jufte & raifonnable des revenus de l'églife, diminution dont j'indiquerai les bafes & les moyens dans le livre fuivant ; la fuppreffion de tant de *caiffes de charité* établies chez plufieurs Nations, qui, au lieu de fecourir l'indigence, ne font qu'entretenir l'oifiveté, & qui feroient encore plus inutiles, fi les lois prévenoient la mifere, au lieu de la créer ; enfin l'ac-croiffement des revenus pubics, effet néceffaire d'un meilleur fyftême d'impofition, qui, ainfi que je l'ai prouvé dans le tom. 2, augmenteroit la recette pour le gouvernement, en diminuant pour le peuple la maffe des contributions : tous ces moyens, joints au moyen

CHAPITRE XVII.

De l'éducation de la seconde classe;

LA seconde classe comprend , comme
j'ai dit (1) , tous ceux qui se destinent à
être utiles à la société par leurs talens.
La différence qui existe entre celle-ci &
l'autre , doit en produire une très-grande
dans le système économique de leur éducation publique. La première , comme on
a vu, doit être entretenue aux dépens de
l'état ; la seconde aux dépens des individus qui y participent. Les principales
raisons de cete différence sont assez peu
sensibles , pour que je croie nécessaire de
les développer.

Il n'est pas indifférent à l'ordre social
que le dépôt des connoissances & des
lumières soit dans la classe riche ou dans

principal dont j'ai parlé , rendroient ce plan exécutable
dans toutes les formes de gouvernement.

(1) Voyez le chap. 5 de ce livre.

N 3

la claſſe pauvre de l'Etat. Les richeſſes attirant à elles le pouvoir par une eſpèce de pente naturelle, & l'intérêt de la ſociété exigeant que les lumières ſoient combinées avec le pouvoir, on ſent aiſément qu'il eſt d'une extrême importance que le dépôt des connoiſſances ſoit plutôt dans la claſſe des riches que dans celle des pauvres.

Il y a plus ; ſi l'on me demandoit quel eſt le pays qui abonde le plus en erreurs, je répondrois, c'eſt celui où l'on peut entrer dans la carrière des Lettres avec le moins de dépenſes. Le véritable Savant eſt l'homme qui a le moins d'erreurs. Les principes d'erreurs ne ſont point dans celui qui ne ſait pas, mais dans celui qui ſait mal. Celui-ci communique à l'autre ſes fauſſes opinions, & c'eſt ainſi que l'ignorance s'unit à l'erreur. Or le pays qui abonde le plus en faux Savans, & qui a une moindre quantité de vrais ſavans, eſt celui où le nombre de ceux qui ſe jettent dans la carrière littéraire eſt le plus conſidérable. Le nombre des hommes qui peuvent être inſtruits avec exactitude & pro-

fondeur, eft toujours petit, & il le devient encore davantage, lorfque l'opinion publique, fubjuguée par la multiplicité des demi-Savans, n'accorde qu'à
eux feuls fes fuffrages, & regarde avec
indifférence le grand Homme qui a le
malheur d'être trop fupérieur aux autres.

Le pays le plus éclairé, felon moi ;
feroit celui où il y auroit moins d'erreurs,
& plus de vérités répandues parmi le peuple, & moins de demi-Savans parmi les
gens inftruits. Pour parvenir à ce but, il
faut rendre moins facile la carrière des
Lettres; il faut donc la rendre plus coû-
teufe. L'Angleterre offre une preuve de
cette vérité. Dans aucun pays de l'Europe,
l'acquifition des connoiffances n'eft auffi
difpendieufe ; dans aucun pays il ne faut
être auffi riche pour devenir favant; nulle
part auffi il n'y a de plus vrais Savans, &
moins de demi-Savans ; nulle part il n'y a
moins d'erreurs, & plus de vérités répandues parmi le peuple.

Une troifième réflexion vient à l'appui
des deux premières. Il eft de l'intérêt de

N 4

la Société que les vérités utiles & les résultats des méditations des hommes instruits se répandent dans le peuple avec la plus grande rapidité. C'est un effet de la Société même que le riche ait plus d'influence sur le pauvre, que le pauvre sur le riche.

La marche de la vérité sera plus rapide, l'expansion des grands résultats de l'intelligence humaine sera plus prompte, lorsque les lumières partiront du cabinet de l'homme riche, plutôt que de la cabane du pauvre.

Enfin le riche, soit qu'il s'adonne, soit qu'il ne s'adonne pas aux sciences ou aux arts, appartient toujours à la classe stérile de la Société. Il n'en est pas ainsi du pauvre. Le fils d'un Laboureur qui abandonne la charrue & la bêche, pour courir dans les Universités & dans les Académies, prive la classe productive d'un individu, pour le vouer à la classe stérile, laquelle, pour l'intérêt de la Société, doit être la moins nombreuse qu'il est possible. L'Etat perd un Laboureur, pour acquérir souvent un malheureux Architecte,

un mauvais Peintre , ou un demi-Savant,
pire encore. Ce double inconvénient
n'exifteroit pas , fi , pour s'adonner aux
beaux-arts ou aux fciences , il falloit être
dans un certain état de richeffe.

Je préviendrai une objeftion. Si un
homme capable , par fon aptitude naturelle , de tenir un jour un rang diftingué
parmi les Savans ou parmi les Artiftes ,
a le malheur de naître dans la pauvreté ,
faudra-t-il donc le priver , ainfi que la
Société , de l'honneur & de l'utilité de
fon talent ?

Cet inconvénient eft grand fans doute ;
auffi ai-je propofé pour le prévenir, dans
le huitième chapitre de ce livre , l'établiffement d'un fonds que la caiffe d'é-
ducation réferveroit pour cet ufage. Ce
fonds feroit , comme je l'ai dit , deftiné
à pourvoir à l'entretien des élèves de la
première claffe , que le Magiftrat fuprême
d'éducation jugeroit dignes de paffer dans
l'éducation de la feconde claffe , à caufe
du talent décidé qu'ils montreroient pour
les fciences, ou pour quelqu'un des beaux-
arts.

Par cet ordre de chofes , des efprits
fupérieurs , quoique nés dans la misère ,
ne feroient pas exclus de la deſtination
que la Nature leur a affignée. La claffe
productive ne perdroit un individu que
lorfqu'il pourroit devenir précieux à la
Société entière.

Tels font les motifs moins fenfibles fur
lefquels eſt fondée la différence dans le
fyſtême écononomique d'éducation des
deux claffes , entre lefquelles on a divifé
le peuple. Les motifs qui naiffent de la
chofe même , peuvent fe deviner aifément. Les deux principaux font l'avantage
de foulager le public d'une charge qui ,
pour l'intérêt général , comme on l'a vu ,
ne doit être fupportée que par ceux qui
en profitent , & celui de reſtreindre à un
nombre modéré ceux qui peuvent participer à l'éducation de la feconde claffe ,
fans cependant en exclure aucune condition. Par ce moyen , quiconque feroit
affez riche pour pouvoir contribuer aux
dépenfes qu'exige l'éducation d'un individu de la feconde claffe , auroit le droit
de l'y deſtiner , & cela fuffiroit pour ob-

vier en même temps à l'extrême multiplication de cette claſſe, & pour laiſſer dans
la Nation toute cette énergie & cette
activité que produit l'eſpérance d'amélio-
rer ſon ſort & celui de ſes enfans.

CHAPITRE XVIII.

De l'établiſſement & de la diſtribution des
collèges pour les élèves de la ſeconde
claſſe.

L A différence qu'il y auroit entre le
nombre des élèves de la première claſſe
& ceux de la ſeconde, permet, comme
je l'ai dit ailleurs (1), de propoſer pour
cette claſſe l'établiſſement de maiſons publiques d'éducation, que l'autre ne peut
avoir.

Cette ſeconde claſſe ſe diviſe, comme
la première, en différentes claſſes ſecondaires. Si l'on pouvoit faire en ſorte que

(1) Voy. le chap. 6 de ce livre.

tous les élèves de la feconde claffe fuffent réunis fous le même toit, il eft certain que la vigilance de l'adminiftration,
concentréc en un feul point, pourroit
plus facilement y conferver cet ordre &
cette énergie, dont la perte a toujours
été la ruine des plus utiles & des plus
glorieufes inftitutions. Mais facilitons
l'exécution de ce plan, en en facilitant
les moyens. N'effrayons pas les Gouvernemens par le tableau des dépenfes qu'exigeroit la conftruction d'un édifice de
cette nature. Qu'il nous fuffife d'en avoir
expofé les avantages pour les Nations
chez lefquelles une population peu nombreufe, & l'exiftence d'un édifice public,
proportionné à cet ufage, pourroient en
rendre l'entreprife facile, & propofons
pour les autres le meilleur moyen qu'il
faudroit employer pour parer à cet inconvénient, fans altérer l'ordre & l'efficacité
de notre plan.

S'il y a peu de Nations qui aient un
édifice propre à contenir tous les élèves
de cette feconde claffe, il n'y en a point
chez qui l'on ne trouve des édifices fuffi-

fans pour contenir une ou plufieurs des claffes fecondaires dans lefquelles elle eft fubdivifée. La réforme des réguliers, qu'on a exécutée, & qu'on exécute chaque jour dans la plus grande partie des pays catholiques, en fourniroit les moyens au Gouvernement. Lorfqu'on voudroit réunir fous le même toit deux ou plufieurs claffes fecondaires (réunion qui épargneroit une partie des dépenfes de leur entretien, & produiroit encore beaucoup d'autres avantages), il faudroit mettre enfemble les claffes qui ont entre elles des principes d'inftitution plus communs. Dans les beaux-arts, par exemple, le collége des Peintres devroit fe réunir à celui des Sculpteurs ou des Graveurs; celui des Architectes civils à celui des Architectes militaires; le collége des Médecins, celui des Chirurgiens, & celui des Pharmaciens, pourroient n'en former qu'un.

En adoptant le fyftême militaire des anciens, nous adopterons encore leur fyftême civil. Le Magiftrat & le Général, l'homme qui fe deftine à défendre la patrie,

& celui qui doit être chargé de l'adminiftration, recevront la même inftruction. Le Magiftrat pourra devenir Guerrier, & le Guerrier Magiftrat, lorfque la
légiflation, acquérant la fimplicité & la
perfection néceffaires, communiquera à
l'adminiftration l'ordre, l'harmonie, &
la fimplicité qui règnent dans fes lois (1).

Nous ne propofons pas un collége particulier pour ceux qui voudront fe confacrer entièrement à l'étude des fciences. Les élèves du collége des Magiftrats
& des Guerriers, qui, ayant de l'éloignement pour les charges publiques, préfé-
reront de fervir la fociété, en concou-
rant au progrès des connoiffances humaines, pourront, après l'émancipation publique, pourfuivre leur carriere
littéraire, & trouveront encore un fecours
qui leur fera fourni par la loi dans les
univerfités publiques, inftituées pour cet
objet, & dont nous parlerons plus au long
dans la troifième partie de ce livre, où il

---

(1) On verra plus bas le plan d'éducation fcientifique
que je propofe pour ce collége.

s'agira particulièrement de l'*inſtruction publique.*

Il y aura encore un collége pour ceux qui ſe deſtinent au commerce , un autre pour ceux qui ſe deſtinent au ſervice des autels ; un autre pour ceux qui veulent exercer la muſique. Enfin , dans les pays où l'intérêt public exige qu'il y ait une marine militaire, il y aura encore un collége pour ceux qui voudront y entrer.

Je renouvelle au lecteur la prière que je lui ai faite plus d'une fois dans le cours de cet ouvrage , de ne point juger mes idées , avant d'en voir l'entier développement.

CHAPITRE XIX.

Du lieu que l'on doit préférer pour l'établiſſe-
ment de ces colléges.

L A capitale , qui eſt d'ordinaire le ſiége des ſciences & des beaux-arts, doit encore être le ſiége de l'inſtitution de cette

claſſe. La facilité d'y trouver de meilleurs
maîtres, le concours continuel des grands
talens qui s'y rendent de toutes les parties de l'Etat ; la préſence du Gouvernement ; la vigilance & l'énergie que cette
préſence inſpire aux Magiſtrats auxquels
eſt confié cet objet important de l'adminiſtration publique ; enfin le grand nombre d'édifices propres à cet uſage : tels
ſont les motifs qui engagent à préférer
la capitale aux provinces. Dans les grands
Empires, cette règle pourroit ſouffrir
une exception.

Les capitales des grandes provinces
devroient être le ſiége de l'éducation de
cette ſeconde claſſe , & partager avec la
capitale de l'Empire les élèves , qu'il ſeroit peut-être impoſſible de réunir tous
dans la métropole ; alors la capitale du
Royaume ou de la province deſtinée à
cet objet exécuteroit tout ce que nous
avons propoſé pour les métropoles de chaque Etat , ſans aucune différence.

Le Légiſlateur aura ſoin de choiſir entre les édifices propres à cet uſage, ceux
qui ſont placés dans les lieux les plus
éloignés

éloignés de la ville, & où l'air est le plus
libre & le plus pur ; il préférera ceux qui
font dans les faubourgs, à ceux qui font
renfermés entre les murs.

S'il ne peut réunir fous le même toit
les collèges qui ont beaucoup de principes d'inftitution communs, il fera en
forte du moins de les rapprocher le plus
qu'il fera poffible ; l'expofition du plan
d'éducation en indiquera les motifs.

CHAPITRE XX.

*De la Magiftrature d'éducation pour cette
feconde claffe.*

CETTE Magiftrature, comme celle de
la premiere, fera compofée de trois ordres de Magiftrats ; ils auront les mêmes
noms, quoique leurs fonctions foient différentes. Il y aura donc un Magiftrat fuprême d'éducation, un Magiftrat inférieur
pour chaque collége, & des furveillans.
Le développement du plan indiquera

leurs fonctions refpectives , leur importance , la dignité de ces Magiftratures,
& les qualités que doivent avoir les
perfonnes qui en feront revêtues.

Les affaires économiques feront admi-
niftrées par les prépofés du Magiftrat particulier de chaque collége , qui devra
en rendre compte au Magiftrat fuprême.
Le nombre des perfonnes deftinées à fervir fera proportionné au nombre des élèves dans chaque collége , & elles feront
fous la dépendance immédiate du Magiftrat particulier de ce collége.

CHAPITRE XXI.

*De l'admiffion des enfans de cette feconde
claffe , & de leur deftination.*

ON fera admis dans cette claffe , comme
dans l'autre , à l'âge de cinq ans ; il n'y
aura de différence que dans l'admiffion.
Chaque année , à une époque déterminée , on entrera dans l'éducation de cette

feconde claſſe ; celle de la première fera ouverte toute l'année. L'ordre de l'inſtruction progreſſive de cette feconde claſſe exige cette admiſſion fimultanée, que l'on pouvoit & qu'il falloit même négliger dans l'autre. Chaque nouvelle année, tous les enfans qui, au temps fixé, auront déjà atteint leur cinquième année, pourront être admis à l'éducation de cette feconde claſſe ; elle durera un an de plus que l'autre. La partie ſcientifique de l'éducation de cette feconde claſſe rend cette prolongation néceſſaire.

La deſtination d'un enfant dépendra entièrement de la volonté de fon père. Comme les dépenſes de l'éducation font à ſa charge, le choix de ſa deſtination doit être déterminé par lui ; & cela eſt d'autant plus néceſſaire, que les dépenſes de l'éducation ne feront pas les mêmes dans tous les colléges. Tel père fera peut-être aſſez riche pout entretenir fon fils dans le collége des Peintres, par exemple, & il ne le fera pas aſſez pour l'entretenir dans celui des Magiſtrats & des Guerriers. Il voudra faire de fon fils un Peintre plutôt qu'un Sculpteur , & la loi ne doit pas le priver de cette liberté. Si , dans le cours de l'inftruction, l'enfant annonce des difpofitions pour un autre talent que celui auquel on l'a deftiné, ce fera au Magiftrat inftituteur de ce collége à en avertir le père , afin qu'avec fon confentement le fils puiffe recevoir une deftination plus analogue à fes talens , plus propre à répondre aux efpérances du père , & à mériter les foins du Magiftrat & de la loi.

Après avoir donné une idée de ces établiffemens préliminaires , je vais expofer le plan d'éducation de cette feconde claffe. Pour fuivre le même ordre , je commencerai par établir fur l'éducation phyfique , morale , & fcientifique , des idées générales , qui doivent être communes à tous les élèves de cette feconde claffe , & je propoferai enfuite celles qui concernent chacune des claffes fecondaires entre lefquelles elle eft fubdivifée.

CHAPITRE XXII.

Idées générales sur l'éducation physique de la seconde classe.

La clarté avec laquelle je crois avoir développé les principes & les règles générales de l'éducation physique de la première classe, me dispense de les répéter, toutes les fois qu'ils font applicables à cette seconde classe. Je n'examinerai ici que les différences, & j'éviterai de cette manière les répétitions inutiles, qui ne pourroient inspirer que de l'ennui au lecteur.

ARTICLE Ier.

De la Nourriture.

Je ne vois aucun changement à faire fur cet objet au plan que j'ai propofé pour la première claffe, foit par rapport à la nature des alimens, foit par rapport au nombre des repas.

Quant au nombre des alimens, il n'y auroit auffi aucun changement à faire, fi, en reftreignant le repas à un feul mets, & quelquefois à deux feulement, cette utile fobriété pouvoit ne pas paroître exceffive aux pères de ces enfans, & les éloigner d'une éducation que nous voudrions rendre la plus générale qu'il feroit poffible, fans violer la liberté paternelle. On fixera donc à deux le nombre ordinaire des mets d'un repas; on en ajoutera un troifième les jours de fête, & un fecond pour le fouper. L'excès du nombre fera compenfé par le défaut de quantité, parce que fi l'on donnoit une nourriture plus confidérable à l'une des deux claffes, ce devroit être fur-tout à la première, vu la nature & les effets de fa deftination.

ARTICLE II.

Du Sommeil.

La différence de deftination de ces deux claffes n'en doit produire qu'une

très-légère relativement à cet article de
leur éducation phyfique. Nous avons interdit dans l'éducation de la première
claffe le fommeil de l'après-midi, comme
incompatible avec la nature de fa deftination. Par la même raifon, nous ne
l'admettrons pas dans celle - ci , à cette
époque de l'année où les jours font
longs & les nuits courtes , & où la
chaleur de l'après - midi augmente les
maux que produifent dans cette partie
du jour les occupations de l'efprit. On
permettra donc le fommeil de l'après-midi
pendant les grandes chaleurs de l'été ,
& le même intervalle du fommeil de la
nuit fera employé par les enfans de cette
claffe avec moins de danger & plus d'a-
vantage aux occupations relatives à leur
âge & à leur deftination.

ARTICLE III.

Du Vêtement & de la Propreté.

Dans cet article & dans les fuivans,
nous verrons principalement l'influence
de la différence de deftination de ces deux

claffes fur la partie phyfique de leur éducation. La nudité des pieds que nous avons
prefcrite dans la première claffe, n'aura pas
lieu dans la feconde. Nous ne voulons
pas foulever l'amour & la vanité des parens contre ce plan d'éducation.

Les enfans de cette claffe feront chauf-
fés ; ils auront un vêtement pour l'été, &
un autre pour l'hiver. Il fera, jufqu'à l'âge
de douze ans , d'un drap plus fin, mais
d'une forme femblable à celui des enfans
de la première claffe. Jufqu'au même âge
leurs cheveux feront coupés ; mais depuis
cet âge on les laiffera croître, & leur
vêtement fuivra la mode de la nation. On
aura foin d'éviter les habillemens étroits
& ferrés. La propreté de la tête & celle
de l'habitation feront l'objet des foins des
domeftiques & de la vigilance des furveillans. On entretiendra la propreté du
corps, en le lavant avec foin, & on adop-
tera fur cet objet les règles que j'ai propofées pour la première claffe.

ARTICLE IV.

Des Exercices.

Les exercices du corps, néceffaires à l'une & à l'autre claffe, ne peuvent différer que par leur efpèce. Ceux que nous avons propofés pour la première claffe ne peuvent être tous adoptés pour la feconde ; & dans la claffe même dont nous parlons, ceux qui doivent être préférés pour telle ou telle portion des claffes fecondaires dans lefquelles elle eft fubdivifée, ne le font pas pour toutes les autres. Les exercices, par exemple, qui augmentent la force des mufcles des bras & des mains, leur ôtent cette mobilité & cette agilité qu'exigent quelques-uns des beaux-arts ; ils doivent donc être interdits aux élèves des colléges où on enfeigne les beaux-arts. Les exercices qui, endurciffant les mains, peuvent diminuer la fineffe du tact, doivent être profcrits des colléges où la perfection de ce fens eft d'une ab-

folue néceſſité pour le ſuccès de ces élèves. Enfin ceux qui cauſent une exceſſive
diſſipation d'eſprits animaux, ne conviennent pas aux claſſes qui ont beſoin d'un
grand recueillement pour leurs études
particulières.

Sans indiquer les différentes eſpèces
d'exercices qui conviendroient aux diverſes claſſes ſecondaires qui compoſent
cette ſeconde claſſe principale, contentons-nous de fixer ici l'attention du Légiſlateur ſur ce qu'on doit éviter dans le
choix de ces exercices. Reſtreints dans ce
chapitre aux ſeules règles qui ſont ſuſcep-
tibles d'une application commune pour
tous les élèves de cette ſeconde claſſe ,
nous ne pouvons nous permettre des détails particuliers. La ſeule choſe qui pourroit être d'un uſage général , & qui, par
cette raiſon , ne doit pas être négligée
ici, c'eſt ce que j'ai propoſé, dans l'article
de l'éducation phyſique de la première
claſſe , ſur les exercices de nuit & ſur
l'art de la natation. La différence de deſtination de cette claſſe ne peut avoir au-

cune influence fur ces deux objets, également intéreffans dans la partie phyfique de l'éducation. Ils feront prefcrits
dans l'éducarion de la feconde claffe ,
comme ils l'ont été dans celle de la première, & la méthode propofée pour l'une,
pourra, fans aucun inconvénient, être
adoptée pour l'autre, avec la feule modifi-
cation que pourra exiger la différence des
circonftances. Je prie le lecteur de fe rappeler les principes que j'ai développés
dans le chapitre IX fur l'éducation phyfique de la première claffe , parce que je
n'ai fait ici qu'indiquer les différences
dans l'application de ces principes.

C'eft par le même motif que je ren-
voie à tout ce que j'ai dit fur l'inoculation
de la petite vérole, qui devroit précéder
l'admiffion des enfans de la première
claffe. Les mêmes raifons qui exigent
cette précaution dans la première claffe ,
l'exigent auffi dans la feconde ; la feule
différence eft que , pour celle-ci, l'inoculation pourra fe faire dans la maifon
paternelle. Quant à la première , on

établira un hôpital d'inoculation dans chaque province de l'Etat (1).

CHAPITRE XXIII.

Regles générales fur l'éducation morale de la feconde claffe.

JE fuivrai, par rapport . la partie morale de l'éducation , la même méthode que j'ai employée par rapport à la partie phyfique.

Si l'objet général de l'éducation morale , comme je l'ai dit (2) , confifte uniquement à préparer un concours de circonftances propres à développer les facultés morales de l'homme, fuivant la defti-

---

(1) Il feroit néceffaire d'établir une infirmerie générale pour tous les élèves de cette claffe , de la même maniere qu'on a propofé d'en établir dans les communautés voifines, pour les élèves de la première claffe.

(2) *V.* le chap. X. de ce livre , intitulé : Règles générales fur l'éducation morale de la première claffe.

nation de l'individu & les intérêts de la société dont il eſt membre : voyons, parmi les circonſtances que nous avons prépaꞏrées pour les élèves de la première claſſe, quelles ſont celles qui peuvent être uniformément adoptées avec un égal avantage pour les élèves de la ſeconde, & quelles ſont celles qui doivent être modifiées & adaptées à la diverſité de leur deſꞏtination.

ARTICLE Iᵉʳ.

Des Inſtructions & des Diſcours moraux.

Tout ce que nous avons dit ſur les inſtructions morales peut être entièrement adapté à la première comme à la ſeconde claſſe.

La morale eſt une, les principes en ſont immuables. Les devoirs peuvent varier avec les circonſtances dans leſquelles ſe trouvent les hommes ; mais les principes d'où ces devoirs découlent, ſont univerſels & indépendans des circonſtanꞏces. Fondés ſur les rapports de la Nature

& de la société, ils font communs au riche
& au pauvre, à l'homme élevé en dignité
& au fimple particulier, au Magiftrat
& au Prêtre ; au Chef de la Nation & au
citoyen le plus obfcur.

Le père dans fa famille, le roi dans
la Monarchie, le Sénateur dans la République ; la Monarchie & la République
doivent fe diriger par les mêmes principes ; ils font, par leur fimplicité, à la
portée de tous les efprits, & le lecteur,
qui fe rappellera tout ce que nous avons
dit fur ces inftructions morales, pour les
élèves de la première claffe, verra bien
qu'il n'y a rien à changer ici, foit par
rapport à leur nature, foit par rapport à
l'ordre, au temps & à l'âge que nous avons
fixés pour ces inftructions importantes.
Le Magiftrat particulier de chaque collége, qui fera l'inftituteur moral des élèves de la feconde claffe, dans le collége
qui lui fera confié, ne fera que régler les
applications des principes établis, d'après
les circonftances de la deftination particulière de fes élèves.

On ne peut pas dire la même chofe des *difcours moraux;* le but de ces difcours, comme on l'a vu, eft plutôt de former le caractère moral des élèves, que de les inftruire. Ce but exige quelques diffé-rences dans les moyens, & ces différences dépendent de la différence de deftination de ces deux claffes. Je paffe fous filence tout ce qu'il doit' y avoir de commun dans la forme de ces difcours, pour l'éduca-tion de la première & de la feconde claffe, & je me borne à examiner les différences indiquées. La première a pour fondement ce que nous avons dit au commencement de ce livre, fur deux vices contraires, auxquels les individus de ces deux claffes font expofés par la nature de leur deftina-tion ; la *baffeffe* & *l'orgueil.* Ceux qui font deftinés à fervir la fociété par leurs bras, font expofés au premier, comme ceux qui font deftinés à la fervir par leurs ta-lens, font expofés au fecond (1). Pour

___

Voy. le Chap. VI de ce livre, intitulé : *Différences générales entre l'éducation des deux claffes principa-les dans lefquelles le peuple eft divifé.*

prévenir la contagion de ce premier vice
dans les élèves de la première claſſe,
outre les moyens qui dépendent du ſyſtême entier de l'éducation, dans avons
eu recours à ces diſcours moraux. On a
dit qu'un des plus importans objets que
le Légiſlateur doive ſe propoſer dans ſes
diſcours, eſt d'élever l'ame des enfans de
cette claſſe, de leur inſpirer l'idée de leur
propre dignité, en leur montrant les
égards qui ſont dus à la vertu, & la conſidération qu'a toujours obtenue & que doit
obtenir l'homme de bien, dans quelque
condition qu'il ſe trouve. Nous avons dit
que le grand citoyen doit leur être peint
des mêmes couleurs que le grand Général, que le grand Magiſtrat. Nous avons
dit que la route de l'immortalité & de la
gloire doit s'ouvrir devant le dernier citoyen, comme devant le Chef ſuprême
de l'Etat.

Ces ſentimens, ces eſpérances que l'on
peut inſpirer avec la plus grande facilité
aux élèves de la ſeconde claſſe, doivent
s'unir à ceux qui peuvent étouffer dans
leur ſource le ſecond vice auquel leur deſtination

tination les expose. Un des principaux objets des discours moraux destinés aux
élèves de cette seconde classe, sera une
exposition énergique des principes de
l'égalité humaine, où l'on développera le
respect que l'on doit à son semblable, la
folie de l'orgueil, & la petitesse de la vanité ; on leur apprendra que le pouvoir
séparé de la vertu, & la dignité séparée
du mérite, sont les véritables causes de
l'insolence orgueilleuse, & on leur fera
sentir que la modération est le véritable
signe de l'élévation de l'ame & de la
supériorité de l'esprit ; on les entretiendra
de la dépendance réciproque des hommes,
fondée sur leurs besoins mutuels ; de la
reconnoissance qu'exigent les fatigues ha-
bituelles des classes laborieuses de l'Etat,
de la monstrueuse ingratitude qu'il y auroit à aggraver encore, par les insultes de
l'opinion, l'obscurité de leur condition
& la pauvreté de leur fortune.

Passons à une autre différence. Il est
une vertu qui naît d'un sentiment commun à tous les hommes, mais à des degrés différens, lorsque leur imagination

commence à agir. Pour que cette vertu
puisse naître dans les individus à qui elle
est le plus nécessaire, il faut que le sentiment qui la produit soit excité avec le
plus grand soin. Cette vertu est l'*humanité*,
& ce sentiment est la *compassion*. Pour
qu'un enfant puisse être susceptible de
compassion, il faut qu'il sache qu'il existe
des êtres semblables à lui, qui souffrent,
ou peuvent souffrir les mêmes douleurs
que lui ; il faut que son imagination ait
acquis assez d'activité pour lui représen-
ter & lui composer ces douloureuses
images, & le transporter, pour ainsi dire,
hors de lui-même, pour l'identifier avec
l'être qui souffre. C'est ce défaut d'activité dans l'imagination qui rend les bêtes
insusceptibles de pitié, & qui en rend in-
capables les enfans & les imbécilles. C'est
parce qu'ils n'ont jamais souffert, & qu'ils
ne croient pas devoir souffrir, que les
Rois, les Grands, & les hommes riches
ont si peu d'humanité. Les conditions où
l'humanité seroit le plus désirable, parce
qu'elle y est le plus utile, sont celles où
cette vertu a d'ordinaire moins de force

& d'étendue , parce que le fentiment qui
la produit eft d'ordinaire plus foible &
moins actif. Telle eft la claffe dont il
s'agit ici. L'éducation doit donc remédier
au malheur de cette condition ; elle doit
y faire naître le fentiment de la compaf-
fion , afin d'y exciter la vertu de l'humanité. Or les difcours dont nous parlons
pourroient contribuer à cet objet , plus
que tout autre moyen. Si l'on réfléchit
à l'âge auquel les élèves y font admis, &
à l'âge auquel ils en fortent , on fentira
que les difcours relatifs à cet objet trouveroient l'imagination des élèves dans
cet état d'activité néceffaire pour le fentiment dont on parle.

Si l'on réfléchit d'ailleurs à la multitude d'occafions dont le Magiftrat inftituteur pourroit profiter pour infpirer ce
fentiment par fes difcours ; fi l'on réfléchit combien il feroit facile de leur
faire fentir , de cette manière , que chaque
homme peut être expofé aux maux qui
femblent les plus éloignés de lui , combien il feroit facile d'empêcher que ces
élèves viffent de trop loin & de trop

haut les peines, les inquiétudes, les travaux auxquels font exposés ceux des autres claffes, & qui peuvent les menacer
eux-mêmes; fi l'on réfléchit enfin à l'é-
nergie & à l'évidence dont ces vérités font
fufceptibles, & à l'intérêt que le Magiftrat pourroit donner à cette partie de fes
difcours, en employant les faits relatifs à
cet objet, on fentira l'efficacité de ce
moyen pour le but propofé, la néceffité
d'ajouter cet objet aux difcours moraux de cette feconde claffe. Nous n'en
avons pas parlé, relativement à la première claffe, parce que, dans les individus qui la compofent, l'humanité moins
utile eft en même temps plus commune
& plus étendue; la nature même de leur
condition n'alimente que trop dans leur
ame le fentiment qui la produit (1).

Excepté ces deux différences, dans
tout le refte, la règle que le Légiflateur
doit établir pour les difcours moraux de
cette feconde claffe, ne différera pas de

_____

(1) *Non ignara mali, miferis fuccurere difco.*

celle qu'on a propofée pour les difcours moraux de la première.

Les élèves de cette feconde claffe y entreront au même âge, & y refteront pendant le même efpace de temps; & de même que, dans la première claffe, le Magiftrat municipal d'éducation de chaque communauté a été chargé de ce foin, dans la feconde, cette importante fonction, comme celle qui eft relative aux inftructions morales, appartiendra au Magiftrat particulier de chaque collége. Outre tous ces motifs, le rapport que les inftructions & les difcours doivent avoir, foit avec l'une & l'autre claffe, foit avec la nature du gouvernement, rendent néceffaires les foins du Magiftrat fur cet objet. Dépofitaire de la loi, & refponfable de fon obfervation, qui mieux que lui pourroit en connoître l'efprit & fe conformer à fes difpofitions?

ARTICLE II.

De l'Exemple.

Nous pouvons ici adopter entièrement tout ce qu'on a dit fur cet objet, relativement à l'éducation de la première
claffe. Nous devons feulement ajouter
deux chofes, dont la première étoit inutile, & la feconde impraticable dans le
plan d'éducation de la première claffe.

Si l'on réfléchit à la condition des élèves de la première claffe, on verra qu'il
n'y a ni ne peut y avoir entre eux cette
inégalité qui doit néceffairement exifter
entre ceux de la feconde. Nul homme
d'une famille un peu diftinguée ne fera
entrer fon fils dans la première claffe d'é-
ducation; mais beaucoup de perfonnes
du peuple feront entrer leurs enfans dans
la feconde, fi elles ont de quoi payer les
frais de leur entretien.

Dans celle-ci, le fils de l'homme du
peuple un peu à fon aife, & celui de
l'homme riche ou élevé feront obligés de

vivre en femble, lorfqu'ils feront placés par leurs pères dans le même collége. Un des avantages les plus confidérables de ce plan d'éducation publique, feroit, comme je l'ai obfervé, de refferrer & renforcer, à l'aide de la jeuneffe, ces liens fociaux que l'inévitable inégalité des conditions ne tend que trop à relâcher & à affoiblir. Dans les ariftocraties mêmes, cette union, qui d'abord femble contradictoire avec la nature de ce gouvernement, y paroît néanmoins très-conforme, lorfque l'on réfléchit qu'un des principes les plus certains qui puiffent déterminer le rapport des lois avec la nature de ce gouvernement, eft précifément celui qui prefcrit le choix des moyens propres à prévenir la haîne du peuple & l'infolente fierté des Grands, & à rapprocher les grandes diftances politiques par une grande réunion fociale.

Rome & Venife ne nous ont que trop attefté les effets contraires de l'ignorance & de la connoiffance de ce principe, dans la courte durée de l'ariftocratie de

la première, & la longue durée de celle
de la seconde.

Pour profiter de cette réunion, si
utile dans quelque forme de gouvernement que ce soit, réunion qu'on ne pourroit obtenir dans le plan d'éducation de
la première claſſe, mais qui pourroit
s'exécuter ſi facilement dans celle de la
seconde, le Légiſlateur preſcrira pour
celle-ci des règles qu'il ſeroit inutile de
preſcrire pour l'autre. Il ordonnera donc
que le Magiſtrat ſuprême d'éducation de
cette claſſe, que le Magiſtrat particulier
de chaque collége, que les ſurveillans,
que les domeſtiques concourent au grand
objet de la loi, en rapprochant les divers
ordres & les diverſes conditions de l'E-
tat; ils y concourront par leur exemple,
par leur conduite, & par leurs diſcours.
Ils emploieront le mépris, plus puiſſant
que la peine, toutes les fois qu'il s'élevera
entre les élèves quelque diſpute de ſupé-
riorité ou d'infériorité; ils y concourront
par cette parfaite égalité de ſoins & d'at-
tentions, qui prévient toute idée de préférence & de diſtinction, tout ſoupçon

éloigné de partialité ; ils y concourront, en un mot, en fortifiant, par tous les moyens possibles, cette union désirable entre les divers ordres & les diverses conditions.

L'autre objet dont nous devons parler dans ce chapitre, c'est la politesse & l'honnêteté des manières.

La politesse étant nécessairement un des principaux objets de l'éducation des hommes destinés à vivre dans la société, on ne doit pas la négliger dans le plan d'éducation de cette seconde classe: Persuadés qu'elle doit naître de l'exemple plutôt que des préceptes, nous chargerons de cet objet les surveillans, plus rapprochés des enfans, & par conséquent plus propres à corriger facilement leurs défauts, & à leur offrir les modèles sur lesquels ils doivent se former. C'est par cette raison qu'une des principales qualités de chaque surveillant de cette seconde classe sera cette politesse & cette honnêteté de maintien qu'il doit, par son exemple, communiquer à ses élèves, en les tenant également éloignés de la grossiè-

reté & de l'affectation. Lorfque les élèves
auront acquis, par l'exemple de leurs furveillans, cette fimplicité, cette aimable
franchife de manières, qui fuppofe ou l'innocence du premier âge, ou le dernier degré de perfection dans l'art de vivre avec
les hommes, ils entreront dans la fociété avec plus d'aifance, ils y infpireront plus d'eftime & d'amitié pour eux.

A r t i c l e III.

Lectures qu'on doit propofer pour les élèves de cette claffe.

Nous profiterons de ce moyen pour
favorifer le développement du caractère
moral des élèves de cette feconde claffe,
comme nous l'avons fait pour ceux de
la première. Le temps & l'âge deftinés à
cet objet feront les mêmes pour tous les
deux; la feule différence confiftera dans
le genre de lecture. Les romans que nous
avons propofés pour les élèves de la première claffe, ne doivent pas être les mêmes que ceux que nous propofons pour

les élèves de la seconde. Dans les uns comme dans les autres , le héros du roman doit être tiré de la claſſe à laquelle appartiennent les élèves.

Aux romans on peut joindre les tragédies propres à produire le même effet que les difcours moraux. On peut employer de la même manière les vies des hommes illuſtres, que nous avons négligées dans la première claſſe , ſoit parce que le nombre de celles qui pourroient être relatives à leur condition particulière eſt très-petit, ſoit parce que la connoiſſance de l'homme, qui eſt un des principaux motifs de cette lecture , n'eſt pas auſſi néceſſaire aux élèves de la première claſſe qu'à ceux de la ſeconde. Auſſi les vies de Plutarque devroient-elles être préférées à toutes les autres , par les raiſons qu'a alléguées *Montagne* , & que le célèbre Auteur d'*Emile* a développées avec tant d'éloquence (1). Il réſultera deux autres avantages de cette lecture. Si on la fait commencer

_____

(1) Emile, liv. 4.

aux élèves de cette claffe, lorfqu'ils
auront terminé l'inftruction hiftorique
fixée pour la feconde époque de l'éducation, elle fera très-utile pour en conferver le fouvenir, & elle pourra en même
temps remédier au défaut commun de
toute hiftoire, quelle qu'elle foit. Deftinée à offrir le cours des grands événemens, l'Hiftoire nous montre beaucoup
plus les actions que les hommes; elle ne
préfente ceux-ci que fur la place publique, dans le fénat, dans la tribune aux
harangues, dans le temple ou dans le
camp; elle ne nous montre l'homme
public que fous la pourpre ou la toge,
la thiare ou le cafque; elle ne le fuit pas
dans l'intérieur de fa demeure, au fein
de fa famille, au milieu de fes amis. Il
n'en eft pas de même des vies particulières. Dans celles-ci on voit l'homme &
le héros. Pere, époux, ami, magiftrat ou
général, il fe préfente dans tous fes rapports & fous tous fes afpects; on le voit
également & fur la fcène & au dehors.
Tels font les motifs & les avantages de
cette lecture.

Enfin, entre les lectures qu'on doit proposer dans la partie morale de l'éducation de cette seconde classe, on ne doit pas négliger celle des événemens contemporains qui peuvent inspirer l'amour de la vertu, & que nous avons proposés pour la première classe ; il n'y aura de différence que dans le choix qu'on doit faire de ces événemens. Ils doivent avoir le plus grand rapport avec la condition des élèves de chacune de ces classes. En général, l'homme profite toujours plus de l'exemple qu'il est plus à portée de suivre, & de la vertu dont il se croit moins éloigné.

Je termine par cet article le chapitre de l'éducation morale de la seconde classe, parce que je ne vois aucune raison de faire des changemens ou des modifications à tout ce qui concerne les récompenses, les peines & la religion. Les règles relatives à ces objets, que nous avons exprimées dans le plan d'éducation de la premiere classe, peuvent être adaptées en entier à la seconde (1). Je n'ajouterai

_____

(1) Ce que le Magistrat particulier d'éducation de

plus rien à cette partie de mon ouvrage, à laquelle j'ai été obligé de donner plus d'étendue que je n'aurois désiré.

CHAPITRE XXIII.

Principes généraux par lesquels on doit régler le syſtême de l'éducation ſcientifique de la ſeconde claſſe.

Nous voici parvenus à la partie la plus difficile & la plus compliquée de l'éducation de cette ſeconde claſſe.

Une foule d'idées, de penſées & d'opinions différentes ; un nombre prodigieux de préjugés établis par l'ignorance & conſolidés par le temps ; une oppoſition continuelle entre ceux même qui les combattent ; l'impoſſibilité d'adapter à l'éducation publique la plupart des choſes

---

chaque communauté fera, relativement à cet objet, dans l'éducation de la première claſſe, le Magiſtrat particulier de chaque collége le fera dans celle de la ſeconde.

raifonnables qu'on a dites fur l'éducation
particulière ; les obftacles qui s'oppofent
de toutes parts à tout projet de réforme relatif à cet important objet : telles font les
caufes qui rendent ce fujet fi difficile &
fi compliqué. J'ai cherohé un guide dans
la Nature , & j'ai réfolu de régler mes
idées fur fon plan immuable. Il faut donc
obferver l'ordre qu'elle fuit dans le développement progreffif des facultés intellectuelles de l'homme , & régler d'après
lui l'ordre progreffif de nos inftitutions.
Réfléchiffons au temps qu'elle y emploie , & diftribuons le nôtre d'après cette
mefure. Approprions nos inftitutions à
la foibleffe des enfans ; gardons-nous de
commencer par où on doit finir , de courir
lorfqu'il faut marcher lentement , & de
nous expofer à renverfer l'édifice , pour
avoir voulu l'élever & le perfectionner en
trop peu de temps.

La *perception* ou l'impreffion qui fe fait
dans l'ame , à l'occafion d'un objet qui
agit fur les fens , eft la première opération de l'efprit ; fans elle les objets agi-
roient inutilement fur nos fens , & l'ame

n'en recevroit aucune connoiſſance. La faculté d'*appercevoir* eſt donc la première qui ſe manifeſte dans l'homme ; elle eſt le premier principe des connoiſſances humaines. Ce ſera donc la première faculté dont nous ferons uſage , pour ſuivre le grand plan de la Nature dans l'inſtruction de nos élèves.

La ſeconde *faculté* (1) qui ſe manifeſte dans l'homme , eſt celle de conſerver, de reproduire, & de reconnoître les idées par le moyen des perceptions acquiſes , & cette faculté eſt la *mémoire*; elle ſe manifeſte avec la première , mais ne ſe développe pas en même temps. Prétendre l'exercer fortement , au moment qu'elle ſe manifeſte , ſeroit en empêcher le développement ; il faut attendre qu'elle ſoit dans ſa vigueur , pour en profiter. Combien d'abus , d'erreurs , & de vices dans l'inſtruction naiſſent de l'ignorance de ce principe!

---

(1) On voit que je ne parle ici que des facultés de l'entendement humain.

L'ignorance

L'imagination eſt la troiſieme faculté qui ſe manifeſte dans l'homme ; il compoſe & combine les idées des êtres réels, ou les images & les repréſentations de ces êtres, au moyen des perceptions acquiſes & conſervées par la mémoire ; il les rapproche, les mêle, les unit, & en forme un compoſé dont les parties ont été reproduites par la mémoire, après avoir été acquiſes par la perception. Cette troiſième faculté ſe manifeſte aſſez tôt ; mais elle a beſoin de plus de temps pour ſe développer, parce qu'elle exige un grand uſage de la première, & le développement de la ſeconde. Sans une multitude de perceptions, les idées dont je parle, & qu'on acquiert par elles, ne ſeroient ni aſſez nombreuſes, ni aſſez ſouvent renouvelées, pour qu'on pût choiſir entre elles celles qui peuvent ſe combiner enſemble ; & ſans le développement des facultés de la mémoire, la multiplicité des perceptions ſeroit inutile à cet uſage, puiſqu'on n'auroit pas la facilité de reproduire les idées qu'elles auroient ſervi à acquérir. Voilà pourquoi les Grecs ap-

pelèrent les Mufes, *Filles de la Mémoire*(1);
La faculté de l'imagination fera donc dirigée, dans notre plan, fuivant l'ordre
d'après lequel la nature en a réglé le développement.

La quatrième faculté qui fe manifefte
dans l'homme, eft celle de raifonner:
elle s'annonce affez tôt, mais elle eft la
dernière à fe développer. Il ne faut pas
confondre la manifeftation des facultés
intellectuelles de l'homme avec leur développement. La première eft prompte &
fubite, le dernier eft lent & progreffif.
Le développement de la faculté de raifonner eft le dernier, parce que les opérations de cette faculté font plus difficiles
& plus compliquées. Elles confiftent à
combiner, à compofer, non les idées
des *êtres réels*, ce qui eft l'ouvrage de l'i-
magination, mais les idées déjà générali-
fées par l'abftraction, celles des qualités,

_____

(1) *Memoriam voco Jovis conjugem reginam quæ
Mufas genuit, facias, pias, ftridulam vocem haben-
tes.* (*Voy.* l'hymne d'Orphée fur la mémoire, vers
1 & 2.)

des propriétés , des rapports , &c. de
tous ces êtres qui n'ont rien de réel , &
qui ne font autre chofe que nos manières
de voir ou de penfer, & de pures abftrac-
tions, c'eft-à-dire, des fouftractions de
réalité. En un mot , les objets des idées
qui font les fujets des opérations de cette
faculté , bien différens des *êtres réels* , ne
font autre chofe que des conceptions mé
taphyfiques que nous nous fommes for-
mées , en enlevant , pour ainfi dire , de
ces êtres tout ce qu'il y a de réel , & en
féparant les effets de nos réflexions fur les
êtres , des êtres mêmes qui les ont excitées.

Voilà pourquoi Platon , voulant indiquer la différence qui exifte entre l'homme
& Dieu , dit : « Le créateur réalife tout
ce qu'il conçoit ; fes conceptions créent
l'exiftence. L'être créé au contraire ne
conçoit qu'en fouftrayant de la réalité ,
& le rien eft la production de fes
idées (1).

_____

(1) Platon , dans le Timée.

Q 2

Ce que j'ai dit des opérations de la *faculté de raisonner*, suffit, je crois, pour montrer que cette faculté est la dernière à se développer, & par conséquent la dernière dont il faut faire usage dans ce plan d'éducation.

Après avoir établi ces principes, passons à leur application; voyons l'influence qu'ils doivent avoir sur le système particulier d'instruction de chacune des classes secondaires, entre lesquelles la seconde classe est subdivisée. La diversité de leurs destinations particulières m'empêche d'établir ici un ordre d'application générale, qui me feroit tomber dans une foule de distinctions & d'exceptions. Commençons donc par exposer le système d'éducation scientifique qui devroit être employé pour cette classe secondaire, dont la destination a un rapport plus immédiat & plus direct avec le bonheur de la société; & procédant d'après le même ordre, toutes les fois que les parties du système d'instruction d'une autre classe viendront à se combiner avec celles du système qui doit avoir lieu dans cette pre-

miere claſſe ; ſans nous jeter dans d'inutiles répétitions , nous ne ferons qu'indiquer l'uniformité , & nous renverrons à
tout ce qui a déjà été dit & développé.

CHAPITRE XXIV.

Syſtême d'éducation ſcientifique pour le col-
lége des Magiſtrats & des Guerriers.

OBLIGÉ , pour ſuivre les vues de la
Nature , d'abandonner les plans des
hommes , je ſais que le ridicule & d'in-
juſtes critiques ſeront peut-être la ſeule
maniere dont on croira devoir accueillir
mes idées. Mais je ne ſerois pas digne
de chercher la vérité , ſi je n'avois le
courage d'abandonner au temps & à l'expérience la défenſe des idées que je crois
conformes à la juſtice & à la raiſon.

Les quatorze années que j'ai dit qu'on
devoit conſacrer à l'éducation de cette
ſeconde claſſe , ne paroîtront pas un terme
trop court pour obtenir ce que nous nous

fommes propofé dans ce vafte plan d'é-
ducation fcientifique , lorfqu'on verra
l'ufage qu'il eft poffible de faire d'un
temps fi précieux , toutes les fois que la
diftribution n'en fera déterminée ni par
la vanité , ni par le préjugé , mais par la
raifon , & d'après l'ordre immuable de la
Nature.

Le terrein que nous devons cultiver
eft fécond ; il offre en toutes les faifons
les produits qui leur font propres. La ré-
colte fera riche & abondante , fi la femence a été faite d'après l'ordre prefcrit
par la Nature. Mais la fécondité difparoî-
tra , la femence fera perdue , le terrein
finira par devenir ftérile , fi l'on s'obftine
à contrarier la Nature , fi l'on veut femer
& recueillir dans une faifon les fruits qui
appartiennent à une autre. Employons
donc toutes nos reffources , toute notre
activité à feconder la Nature , à profiter
de fes difpofitions. Si la faculté d'avoir des
perceptions eft, comme je l'ai dit , la
première qui fe développe dans l'homme ,
voyons quel ufage on peut & on doit
faire de cette faculté ; profitons-en , autant

qu'il fera poffible ; & fans négliger aucunes de ces inftructions qui font compatibles avec elle , & qui conviennent aux élèves du collége dont nous parlons , prenons garde d'y mêler celles qui fuppofent le développement des autres facultés , & qui , utiles & même néceffaires dans d'autres temps , feroient maintenant fuper-flues & dangereufes.

Afin de nous diriger d'après ce plan, qui eft celui de la Nature, & qui n'eft malheureufement que trop contraire à celui que chacun de nous a fuivi , nous n'emploierons dans notre fyftême d'inf-truction que la faculté d'*apercevoir* pour les quatre premières années qui fuccè-dent à l'admiffion (1).

ARTICLE Ier.

Des Inftructions de la premiere année.

La première année fera employée à

_____

(1) Voy. le chap. 20 , où j'ai indiqué l'âge de l'admif-fion, qui devroit être entre 5 & 6 ans.

Q 4

apprendre à lire & à écrire, & à s'inftruire de la langue étrangère vivante
qu'il est le plus nécessaire de connoître
dans la nation où le plan d'éducation sera
établi. Cette instruction ne devroit être
acquise que par l'exercice, & c'est pour
cela que nous chargeons de cet objet le
surveillant des enfans de cet âge ; ils l'apprendront par le même moyen qui leur a
servi à apprendre leur langue propre,
c'est-à-dire, par l'usage, non par des principes & des règles qui ne peuvent être
saisis qu'à un âge plus avancé.

ARTICLE II.

Des Instructions de la seconde année.

On continuera la seconde année les
instructions de l'année précédente, & on
y ajoutera la connoissance de cette premiere partie de l'arithmétique, qui n'a
pour objet que la numération ; on y mê-
lera le dessin, & un exercice très-important, dont je parlerai bientôt, & qui
est aussi agréable qu'utile.

Si la faculté d'*apercevoir* n'est que le pouvoir d'acquérir des idées par le moyen des impressions excitées par les objets extérieurs, le grand art de l'éducation dans l'usage de cette faculté consistera donc à produire le plus grand nombre de ces idées avec toute la netteté & l'exactitude possibles. L'instruction du dessin, lorsqu'elle est bien dirigée, peut faciliter extrêmement l'habitude de cette netteté & de cette exactitude. Le besoin d'imiter les objets qu'on a sous les yeux, accoutumera l'enfant à observer les petites nuances qui les distinguent, & il prendra, sans s'en apercevoir, l'habitude de se former des idées nettes & distinctes des choses.

L'inclination naturelle qu'ont généralement les enfans pour cette occupation, la rendra encore plus utile, à cause du plaisir qui l'accompagne ; elle nous offrira un moyen sûr d'éloigner les enfans, soit dans cet âge, soit dans les années suivantes, de l'oisiveté & de l'ennui, qui sont si funestes pour eux ; elle servira à leur inspirer le goût si intéressant des beaux-arts, & à préparer en eux, dès le commencement de l'éducation, l'idée si importante du vrai & du beau, vers laquelle doit se diriger une grande partie de nos institutions. C'est pour cette raison que je crois nécessaire, dès la seconde année de l'éducation, d'orner l'habitation des éleves de ce collége des plus belles estampes, des meilleurs morceaux de peinture & de sculpture. Ainsi, mettant à profit le goût qu'ont les enfans pour toutes les especes de figures & de représentations, nous accoutumerons leurs yeux à ce beau, qui n'existe jamais sans le vrai. On sentira davantage, dans le cours de ce plan, les avantages de ces premiers établissemens.

On sentira de même les avantages d'une autre espèce d'instruction, qui, également nécessaire pour l'âge dont je parle, pourra, par l'usage de la même faculté, non seulement concourir, de la manière la plus puissante, au même but, mais mettre les enfans à l'abri d'une des plus fécondes sources d'erreurs, de l'imperfection des sens.

Les fens qui font les inftrumens de nos idées, le font auffi de nos erreurs; nos yeux, par exemple, nous trompent & fur la grandeur & fur la figure des objets. Les mêmes objets placés à différentes diftances, & vus fous différens angles, changent à l'infini de grandeur apparente ; l'éloignement les altere, & cache leur figure. Une grande partie de leurs traits échappe à l'œil nud. Nos yeux nous trompent par rapport au mouvement, puifqu'ils nous repréfentent en repos, des corps qui font en mouvement, & en mouvement, des corps qui font en repos. Ils nous trompent relativement aux diftances, puifqu'ils nous font voir à une égale diftance de nous des objets inégalement fitués. Enfin beaucoup d'autres erreurs font produites par l'imperfection des autres fens. Le tact lui-même, le moins imparfait de tous, & qui corrige les erreurs des autres, en fait naître quelques - unes que le profond Malebranche a obfervées avec beaucoup de fagacité.

Une grande partie de ces erreurs pourroit être dévoilée aux élèves de cette classe avec la plus grande facilité, sans raisonnemens & sans principes scientifiques, par des expériences très-simples, & toutes analogues à l'âge de ces enfans, & à l'usage qu'ils font de cette faculté d'*apercevoir*.

Par cette instruction, qui, au premier aspect, peut sembler indifférente, mais qui, à beaucoup d'égards, est d'une très-grande importance, non seulement nous obtiendrons le grand avantage de préserver jusqu'à cet âge les enfans des erreurs des sens, mais nous les rendrons plus propres à concevoir & adopter les vérités contraires à ces erreurs. Dans le cours de l'institution scientifique, & lorsque l'ordre progressif des instructions postérieures l'exigera, nous aurons moins de peine, par exemple, à leur persuader que ce n'est pas le soleil qui tourne autour de la terre ; que cet astre est tant de fois plus grand que la planète où nous vivons ; que les étoiles, qui nous paroissent si petites, & toutes à une égale distance de

nous, font d'une grandeur immenfe , &
à une différence immenfe d'éloignement ;
que l'œil ne voit pas les chofes ; qu'il ne fait
que recevoir l'impreffion de la lumière, laquelle nous offre les apparences des chofes , par le moyen des combinaifons de
rayons diverfement colorés ; que les objets que nous croyons voir hors de nous,
nous ne les voyons qu'en nous ; que les
fons, les couleurs, les odeurs , les faveurs
appartiennent, non point aux objets extérieurs , mais à nous; qu'ils n'exiftent qu'en
nous; qu'ils ne font pas des qualités réellement exiftantes dans les corps , mais de
pures fenfations excitées en nous, &c.;
enfin nous n'aurons pas beaucoup de
peine à les convaincre de cette grande
vérité , qui préferve de tant d'erreurs &
prévient tant de vaines difputes, que les
fens font uniquement deftinés à fatisfaire
nos befoins, à nous faire connoître les
rapports que les objets extérieurs ont
avec nous, & non à nous apprendre ce
que ces objets font en eux - mêmes ;
que nous nous trompons toutes les
fois que nous voulons obtenir d'eux ce

qu'ils ne font pas en état de nous donner. Nous verrons bientôt les heureux
effets de cette instruction préliminaire
dans tout le cours de l'éducation scientifique. Le surveillant des enfans de cet
âge suffira pour leur communiquer cette
espèce d'instruction , pourvu qu'il le fasse
sans avoir l'air de prétendre les instruire.
Il y a sur cet objet plusieurs sortes de
moyens bien connus , & dont je me dif-
pense de parler. Le seul que je ne dois
pas passer sous silence , est que toute explication scientifique devroit être rigou-
reusement interdite dans cette espèce
d'instruction. Dans chaque expérience , le
surveillant se bornera à attribuer la cause
à l'imperfection des sens ; & sur toutes
les questions que pourront lui faire les
enfans , il répondra qu'ils ne font pas encore assez instruits pour concevoir ces
choses. Le motif de cette disposition naît
si évidemment de nos principes , qu'il seroit superflu de l'indiquer. Passons à l'inftruction de la troisième année.

ARTICLE III.

De l'Instruction de la troisieme année.

Dans la troisième année, on abrégera le temps deſtiné aux exercices précédens, & on emploiera l'autre à donner aux enfans une nouvelle ſuite d'inſtructions, qui puiſſe multiplier le nombre de leurs idées & étendre leur intelligence. Cette nouvelle ſuite d'inſtructions, à laquelle, dans cette troiſième année, nous ne ferons qu'initier nos élèves, eſt celle qui a rapport à l'hiſtoire naturelle.

Rappelons-nous que, pour les élèves du collége dont nous parlons, cette étude doit être conſidérée comme un inſtrument, & non comme un objet principal d'inſtruction, & profitons du conſeil qu'a donné l'immortel Buffon à ceux qui doivent s'adonner à cette étude. Cette diſpoſition ſera d'autant plus utile pour nous, qu'elle peut ſe combiner avec le plan que nous nous ſommes propoſé de

fuivre dans ce fyftême d'éducation fcientifique.

Qu'il exifte un édifice où, à force de
temps, de foins & de dépenfes, on foit par-
venu à réunir & placer dans un certain ordre les individus bien confervés de toutes
les efpèces d'animaux, de plantes, & de
minéraux, & alors le meilleur moyen
d'être initié à l'étude de la nature, fuivant
l'opinion de l'Auteur que je viens de citer (1), fera de commencer par voir &
revoir fouvent les échantillons de tous
les êtres qui font répandus fur la terre,
& de ceux qui peuplent l'univers. La
première vue de tous ces objets ne devroit être accompagnée d'aucune lecture,
ni précédée d'aucune inftruction. Il faut
attendre que l'œil commence à fe fami-
liarifer avec ce chaos & avec les objets
qui le compofent. Il faut long-temps voir
inutilement, pour fe difpofer à voir d'une
manière utile. Si l'homme qu'on veut

―――――――

(1) Voy. fon premier difcours fur l'Hiftoire Naturelle.

initier

initier à cette étude est déjà dans un âge
mûr, si ses facultés intellectuelles font
déjà entièrement développées, il n'a besoin d'aucun guide dans les premiers pas
qu'il fait dans cette carrière.

Des observations répétées sur les mêmes objets, & l'habitude de se familia-
riser avec eux, formeront insensiblement
quelques impressions durables, qui se liant
bientôt dans son esprit avec des rapports
fixes & invariables, l'éleveront à des
vues plus générales, qui le conduiront à
former de lui-même quelques divisions, à
connoître quelques différences, quelques
ressemblances générales, & à combiner
plusieurs objets différens par des rapports
communs. Le besoin d'un guide, d'une
direction particulière pour l'homme déjà
mûr, ne commence qu'à cette époque.

On ne peut pas dire la même chose
d'un enfant. Dans l'un, la curiosité est
combinée avec l'assiduité & la patience
que donne le désir de s'instruire ; dans
l'autre, il n'y a qu'une simple curiosité.
Les enfans se lassent facilement des choses
qu'ils ont déjà vues ; ils les revoient avec

Tome VI.   R

indifférence, & leur attention n'eſt ré-
veillée d'ordinaire que par la nouveauté.
Pour les faire arriver à ce point où
l'homme mûr eſt arrivé de lui-même, il
faut une direction particulière; ils doivent être encouragés par tout ce que la
ſcience peut offrir d'agrémens. Il faut leur
faire obſerver les choſes les plus remar-
quables, mais ſans leur en donner d'explication préciſe. Le myſtère, qui, dans
l'âge mûr, inſpire le dégoût, dans le premier âge excite la curioſité. Pour leur
faire revoir ſouvent, & avec attention,
les mêmes objets, il faut les leur préſenter ſous différens aſpects & avec des circonſtances différentes. Il faut les réveiller ſans ceſſe, ſans ceſſe diriger leur curioſité; il faut leur indiquer tout ce que
l'homme mûr peut de lui-même découvrir & connoître.

Les premiers ſix mois de cette troiſième année ne ſeront donc deſtinés qu'à
conduire les enfans à ce point; ils iront
tous les jours obſerver les ouvrages de
la nature dans ce vaſte édifice, & le
maître prépoſé pour cet objet les di-

figera d'après la méthode prescrite.

Après avoir employé de cette manière la première moitié de la troisième année, après avoir porté les enfans à ce point où, familiarisés avec les objets & dirigés par un guide éclairé, ils voient d'abord dans cet immense assemblage de productions naturelles quelques différences, quelques ressemblances plus générales, & commencent à se former un certain ordre de division ; leurs instructions commenceront aussi à prendre une plus grande régularité. Ce sera le moment de soulever en quelque sorte, pour la première fois, le voile qui, jusqualors, a tenu la science cachée à leurs regards.

Les premières instructions auront pour objet la méthode qu'on doit suivre pour reconnoître les diverses productions de la nature, & cette méthode sera celle qu'a imaginée l'Auteur immortel de l'Histoire Naturelle (1). Je laisse au lecteur instruit & exempt de prévention, le soin de juger des motifs de cette préférence.

_____

(1) Voy. le premier discours sur l'Histoire Naturelle.

R 2

Fidèles à notre plan , & employant la
seule *faculté d'apercevoir* dans cette époque de l'éducation scientifique , nous ne
permettrons pas que ces instructions
soient séparées de l'observation immédiate des objets auxquels elles appartiennent. L'instituteur leur montrant les différences & les ressemblances qui exis-
tent entre les différentes productions de
la Nature rassemblées dans ce lieu ,
leur communiquera les premières idées
des classes , des genres , des espèces, imaginés par les hommes pour distinguer
ces productions. On emploiera à ces instructions préliminaires l'autre moitié de
la troisième année.

ARTICLE IV.

Des Instructions de la quatrieme année.

On continuera ces instructions dans
la quatrième année , avec des observations plus distinctes & plus détaillées ,
& on fera connoître aux élèves la méthode facile & simple de dénomination
imaginée par l'Auteur de l'Histoire Natu-

relle ; méthode si bien appropriée à celle
de la répartition & de la classification des
objets. Pour ne pas abuser de leur *mémoire* ; pour ne pas employer, avant le
temps, cette seconde faculté ; pour faire
en sorte que les impressions soient excitées avec facilité ; & ne naissent pas
d'une action violente & étrangère, on
aura recours à un exercice, qui, en favo-
risant leurs progrès dans la science, pro-
duira plusieurs autres avantages également
précieux, & combinés avec le grand principe de l'activité & du plaisir (1).

On donnera à chaque enfant un exem-
plaire du catalogue du cabinet, qui con-
tiendra une description abrégée, mais

_____

(1) Qu'on me permette de transcrire ici un morceau
de Platon, où ce principe est exposé d'une manière
très-lumineuse. *Is docendi modus accipiendus est,
quo pueri minime coacti ad discendum esse videantur.
Non decet enim, liberum hominem cum servitute dis-
ciplinam aliquam discere ; quippe ingentes labores
corporis vi suscepti, nihilo deterius corpus efficiunt ;
nulla vero animæ violenta disciplina stabilis est
« vera loqueris »*. Ergò non tamquam coactos pueros
in disciplinis, o vir optime, sed quasi ludentes
enutrias. (Dialog. 7. de Republic.)

R 3

exacte, des différentes productions de la
Nature raffemblées dans ce lieu, & avec
le même ordre où elles y feront diftri-
buées. On conduira chaque jour, aux
heures deftinées à la récréation, les enfans de cet âge dans les campagnes voifines, plus propres à la recherche des productions naturelles. On établira un prix
qui fera diftribué tous les fix mois aux
enfans qui auront reconnu un plus grand
nombre d'efpèces différentes de cès productions naturelles, & indiq ué dans le
catalogue leur claffe, leur genre, leur
efpèce &, leur nom. Aucun enfant ne fera
obligé de fe livrer à cette recherche; il
n'y aura d'autre détermination à cet
égard que celle qui fera infpirée par l'é-
mulation & le plaifir. Cette liberté ajoutera au charme de l'éducation, & l'occupation, combinée avec le divertiffe-
ment, en préviendra l'ennui, & les triftes
effets. L'inftruction de la fcience fera
jointe fans ceffe à l'ufage & à la pratique ;
les idées s'imprimeront d'elles - mêmes
dans la mémoire, fans qu'on prenne la peine
d'exercer, avant le temps, cette faculté.

La netteté des idées, qui, comme je l'ai
dit, est une des qualités que l'éducation
doit se proposer de faire naître par l'exercice de cette première faculté, résultera
nécessairement de l'obligation où seront
les enfans de bien observer les objets,
pour les distinguer, les reconnoître, &
les classer. Avec cette méthode enfin,
pendant que les idées se multiplieront
par l'instruction de la science, elles deviendront plus nettes & plus claires par
un exercice journalier.

C'est à ces deux buts que doivent répondre les deux autres espèces d'instruction que l'on donnera aux élèves dans
cette quatrième année de leur éducation
scientifique: alors, deux fois par semaine,
on fera un cours d'expérience chimique,
qui sera continué jusqu'au temps où l'on
pourra commencer à faire usage de la quatrième *faculté*. Il suffit d'être un peu initié dans la connoissance de la nature,
pour sentir combien ces expériences sont
importantes, quelle foule d'idées claires
doivent en résulter, & quel intérêt les enfans doivent prendre à une instruction si

R 4

agréable. J'indiquerai, dans le temps, les raifons pour lefquelles je crois qu'on doit les continuer jufqu'au temps où l'on pourra commencer à exercer la quatrième faculté.

Pour exercer, autant qu'il eft poffible, la faculté d'apercevoir ; pour communiquer aux élèves toutes les inftructions qui lui font analogues, & épargner un temps qui, dans les années fuivantes, peut être plus utilement employé aux inftructions qui exigent l'ufage combiné des autres facultés, on donnera cette année aux élèves les premières notions de la cofmologie ; on les inftruira de ce mouvement que le feul exercice des fens bien dirigé peut apprendre, de ce mouvement qui produit, le jour & la nuit, le retour des faifons, la variété des climats, le cours des planètes, les différentes éclipfes, & les phafes de la lune.

C'eft par les obfervations du matin & de la nuit (1) que l'on pourra communi-

―――――――――――

(1) Ces obfervations nocturnes pourront être combinées avec les exercices de nuit dans la partie phyfique de l'éducation dont j'ai parlé.

quer ces inftructions. On profcrira tout
ufage de la fphère armillaire, qui pourroit faire naître des illufions dans l'efprit
des enfans : on emploiera plutôt cette
machine inventée par Copernic, qui a été
de nos jours tant perfectionnée, & dans
laquelle le mouvement eft indiqué d'une
maniere fi fenfible. Cette machine ne
fervira cependant qu'à aider aux obfervations qu'on fera directement dans le
ciel. L'habitude des obfervations qu'on
aura fait acquérir à nos élèves par tant
de moyens, & les inftructions qu'on leur
aura données fur les erreurs des fens, rendront plus utile cette méthode d'inftruction, & en affureront les effets. Ils fe
trouveront, à la fin de la quatrième année, pourvus des notions préliminaires
qu'il faut avoir, pour fe livrer avec fuccès
à l'étude d'une fcience qui, exigeant l'u-
fage de la feconde faculté, c'eft-à-dire, de
la mémoire, ne doit être mife dans ce
plan que pour la cinquième année de l'é-
ducation fcientifique.

A R T I C L E　V.

Des Instructions de la cinquieme, sixieme &
septieme années.

Nous voici arrivés à la seconde époque
de l'éducation scientifique, à cette époque où la faculté de la mémoire déjà suffi-
samment développée nous offre une suite
d'instructions qui exigent l'usage même
de cette faculté, & à laquelle nous n'au-
rions pu nous livrer avant ce temps, sans
nous éloigner du plan de la Nature, &
nous exposer au risque presque inévitable,
non seulement de perdre un temps si précieux, mais d'empêcher pour toujours
l'entier développement de cette faculté
si nécessaire à l'instruction. Jusqu'à pré-
sent cette faculté s'est exercée librement
& d'elle-même, & nous ne l'avons
pas employée d'une manière directe.
Maintenant les choses commencent à
changer d'aspect ; mais nous nous garderons bien cependant de confondre l'u-
sage de cette faculté avec l'abus qu'on

en pourroit faire ; nous nous garderons
principalement de tomber dans un préjugé aussi dangereux que commun, qui
fait considérer à beaucoup de personnes
la mémoire comme une machine dont
les rouages deviennent d'autant plus
flexibles, qu'on les a plus exercés ; & dont
les reſſorts acquièrent d'autant plus d'é-
nergie, qu'on les a plus fortement & plus
continuement preſſés. L'expérience enſeigne le contraire ; elle n'offre aucun
exemple d'une mémoire qui, à l'aide
d'un exercice violent, ait acquis
beaucoup de force & d'étendue. Elle
nous offre au contraire un grand nombre
d'exemples de perſonnes qui, par ce ſeul
moyen, ont affoibli cette faculté.

Mithridate, qui parloit vingt-deux
langues ; Cyrus, qui prononça les noms
de trente mille ſoldats qui compoſoient
ſon armée ; l'Ambaſſadeur des Parthes,
qui, deux jours après ſon arrivée à Rome,
appela chaque Sénateur par ſon nom ;
Lucius Scipion dans Rome, & Thémiſ-
tocle à Athènes, qui, parlant au peuple,
dirent les noms de tous ceux qui les écou-

toient, n'acquirent pas certainement ce
don prodigieux par l'habitude de répéter
mot à mot les leçons de leurs maîtres.

Cette méthode abſurde qui imprime
dans la mémoire des mots au lieu d'i-
dées ; qui réduit le ſavoir des enfans à
d'éphémères efforts ; qui produit l'habitude d'apprendre, & d'oublier avec la
même célérité, & qui favoriſe la vanité
des enfans autant qu'elle nuit au progrès
de leurs connoiſſances ; cette méthode,
effet du préjugé dont j'ai parlé plus haut,
n'entrera certainement pas dans ce plan.
Sans recourir à tout ce que Platon, Ariſ-
tote, Quintilien, Seneque, & tant d'autres ont dit ſur les moyens d'accroître &
de conſerver l'énergie de cette faculté,
nous nous reſtreindrons à trois ſeuls principes, 1°. de n'abuſer jamais de cette faculté, en la faiſant ſervir à d'inutiles
efforts ; 2°. de faciliter la liaiſon entre
les idées, de manière que l'une réveille
immédiatement l'autre ; 3°. de renouve-
ler ſouvent les traces des idées, qui, ſans
ce moyen, pourroient entièrement s'effacer.

Ces trois principes régleront l'usage que l'on doit faire de la mémoire. On en verra l'application dès la cinquième année, où l'on commencera à employer cette seconde faculté.

Après avoir établi ces principes, il faut reprendre le fil de nos idées, & voir, dans le nombre des instructions précédentes, celles qui doivent être ou continuées, ou modifiées, ou remplacées par d'autres. Toute l'étude de l'Histoire Naturelle sera bornée aux expériences chimiques que l'on fera les deux jours de la semaine destinés au divertissement ; elle sera réduite à ce libre & agréable exercice dont on a parlé, relatif à la recherche des productions naturelles dans les promenades champêtres ; à ces visites du cabinet, où les instructions qui tiennent à l'histoire de la nature constante, seront mêlées à celles de la Nature que Bacon appelle *monstrueuse*, c'est-à-dire, à celles qui ont pour objet, non ses opérations constantes, mais ses prodiges, & dont la connoissance, en donnant de l'étendue à l'esprit des élèves, servira beaucoup à les

prévenir contre la témérité des propofi-
tions générales: *Ut axiomatum corrigatur
iniquitas*. On continuera toujours l'étude
du deffin, mais on abrégera beaucoup
le temps deftiné à cette occupation. Le
peu de notions cofmologiques qu'on
aura données dans l'année précédente,
feront, au commencement de la cinquième année, appliquées à l'ufage de la Géographie.

Les premières inftructions fur cette
fcience auront pour objet l'ufage de ces
cercles que les hommes ont imaginés;
& la diftribution générale du globe leur
donnera les premières idées de continent,
d'ifle, de prefqu'ifle, d'ifthme, de dé-
troit, de golfe, &c. L'état des chaînes
des montagnes, le cours des principaux
fleuves, la fituation, la communication,
& l'interruption des mers, en un mot, un
tableau général de la fituation du globe
fera le principal objet de ces inftructions
préliminaires. Jufqu'alors on ne confi-
dérera que le globe; & tant qu'une def-
cription plus détaillée des différentes ré-
gions de la terre ne rendra pas abfolu-

ment néceffaire l'ufage des cartes planes, on évitera avec foin de les employer, comme étant propres à embarraffer facilement les enfans, & à les égarer fur la pofition véritable où ils fe
trouvent. Cette réflexion doit engager à
recourir fréquemment au globe fphéri-
que, même lorfque les élèves auront
atteint l'âge convenable pour faire ufage
des cartes planes. Cette précaution in-
fluera beaucoup fur la clarté de leurs
idées géographiques.

Pour fe conformer aux principes établis,
pour faciliter la liaifon des idées, & exercer par conféquent la mémoire, on fera
conftamment marcher enfemble, &
d'une manière égale, l'étude de l'Hiftoire
& celle de la Géographie.

Le commencement de cette cinquième
année, qui fera confacré aux notions
préliminaires de la Géographie, fera auffi
employé aux notions préliminaires de
l'Hiftoire. La diftribution des temps, la
différence des époques, & un coup-
d'œil rapide fur les temps qui précèdent
ceux où commence l'Hiftoire profane,

formeront les objets de ces instructions préliminaires.

Ces instructions achevées, les deux études ne pourront plus être séparées; l'une & l'autre seront enseignées par le même maître & dans la même école.

La Géographie ancienne accompagnera l'Histoire ancienne, & la Géographie moderne, l'Histoire moderne. La description géographique sera toujours jointe à la narration historique. On indiquera sur le globe ou sur la carte (lorsque le besoin l'exigera) la région, le climat, la situation des peuples dont on parle; les pays qu'ils ont conquis ou perdus; ceux qui ont été le théâtre de leur guerre, ou le siége de leur commerce, de leurs émigrations, de leurs Colonies.

On n'offrira jamais une description géographique qui n'appartienne à la narration historique. Chaque éleve sera obligé à rendre compte de l'une & de l'autre, toutes les fois que l'instituteur désirera faire cette épreuve de sa mémoire & de son attention. Sa négligence
fera

sera punie de la maniere que nous avons indiquée dans l'article général des châti-mens.

Mais d'après quel plan réglera-t-on, à cet âge, l'étude de l'Histoire, dont doit dépendre, comme on l'a vu, celle de la Géographie?

En réfléchissant sur ce qui se pratique d'ordinaire, je découvre deux inconvé-niens très-graves, sources fécondes d'er-reurs & de préjugés. Le premier est rela-tif à l'ordre de l'Histoire, l'autre à l'His-toire elle-même.

On a donné le nom d'Histoire Univer-selle à une collection d'histoires parti-culières, placées l'une avant l'autre. On a d'abord décrit entièrement l'histoire d'un peuple, ensuite on a passé à celle d'un autre, qui, s'il n'a pas eu avec le premier une origine contemporaine, a eu du moins avec lui une existence con-temporaine. On a, par exemple, com-mencé l'histoire de Rome après avoir terminé celle de la Grèce. Qu'en est-il résulté? On a prolongé l'étude de l'His-toire, par les répétitions d'une foule

Tome VI.   S

d'événemens que cette méthode, rend
indispensables. On a produit un autre
mal plus grand encore. Les dates, comme
toutes les idées numériques, étant les
plus propres à être oubliées, n'ont pu
préserver les enfans de l'embarras & des
erreurs que cette méthode leur présente
ordinairement. Accoutumés à entendre
& à lire l'histoire grecque avant l'histoire romaine, il se forme insensiblement
en eux des illusions sur l'existence relative de ces peuples; de sorte que si l'on
demande à un enfant instruit par cette
méthode, qui a vécu le premier d'Alexandre ou de Romulus, il n'hésitera pas un
moment à répondre, Alexandre. On a
beau inventer des tableaux & des arbres
chronologiques, ils ne servent que
dans le moment où on les observe. Le
seul tableau, le seul arbre de chronolo-
gie d'une utilité constante, est celui qui
est fondé sur l'ordre & l'enchaînement
des idées historiques. On n'a besoin,
pour juger de la vérité de ce que je dis,
que de s'examiner soi-même sur ce sujet.

L'autre inconvénient, relatif à l'His-

toire même, n'est pas moins fécond en
erreurs. Il naît de l'imperfection des langues, & de l'abus qu'on a fait de quelques expressions qu'il n'est pas au pouvoir de l'instituteur, ou de celui qui enseigne l'Histoire, de corriger ; mais l'un &
l'autre pourroient prévenir les erreurs
qui en résultent.

Nous donnons, par exemple, le même
nom au chef de quelques familles qui
jouissoient de presque toute leur indé-
pendance naturelle, & à celui d'un peuple immense, qui est tombé au dernier
degré de la servitude civile. Nous appe-
lons Rois Cecrops & Romulus ; nous donnons le même nom aux chefs des modernes monarchies de l'Europe.

Que résulte-t-il de cela ? L'uniformité
de nom produit l'uniformité d'idées ; &
l'enfant jugeant ce qu'il ne connoît pas,
par ce qu'il connoît, se forme de Romulus & de son prétendu royaume, l'idée
qu'il a de son propre Roi & de sa Nation. Quelle source inépuisable d'erreurs !

_____

(1) Voy. le chap. 35 du troisieme livre de cet ouvrage.

Les noms de Peuple , de Sénat , de Patriciens , de Plébéiens , & une foule d'autres sont de la même nature. L'âge, l'étude , des lectures postérieures ne suffisent pas très-souvent pour détruire ces premières impressions reçues dans l'enfance. Les erreurs de tant de savans, produites par cette cause , en sont une preuve sensible.

A ces deux vices principaux & communs de l'instruction historique , viennent s'en joindre d'autres qu'il est inutile d'exposer ici , parce qu'ils ne sont ni si funestes, ni si généraux.

L'Histoire commence avec la Fable ; & quand même les vérités qu'elle cache seroient dévoilées , elles ne seroient pas à la portée des enfans ; elles ne seroient même pas à la portée de la plus grande partie de leurs maîtres. Nous ne devons aspirer qu'à ce qui est praticable , & la perfection ne l'est pas toujours. Priver les enfans de la connoissance de la partie fabuleuse de l'Histoire , ce seroit la même chose que les priver d'une foule de connoissances nécessaires pour l'intelligence d'une infinité de chofes. Exiger d'eux une croyance entière pour ces événemens fabuleux, ce feroit remplir leur ame d'erreurs. Un fage inftituteur doit prévenir l'un & l'autre inconvénient. Il y réuffira, fi, par des obfervations claires & multipliées, il leur montre l'incertitude de ces faits, l'obfcurité de ces temps, les altérations produites par les traditions vulgaires, par la vanité des peuples, par la partialité des premiers hiftoriens; fi, fans faire de la critique une étude féparée & diftincte, il en fait connoître les règles par l'application qu'il en fera aux circonftances convenables; fi, toutes les fois qu'il trouvera les noms de Rois, de Royaume, de Peuple, de Sénat, &c., employés dans l'enfance des fociétés, il leur indique les véritables idées que ces noms doivent exciter en eux; s'il leur perfuade qu'il ne faut pas confondre l'état de ces temps avec celui des temps poftérieurs, & les principes des fociétés naiffantes, avec les règles des fociétés perfectionnées.

En formant des élémens hiftoriques propres à l'âge auquel on les deftine, l'au-

S 3

teur aura devant les yeux, non un feul
peuple, une feule région, mais l'état de
l'Univers entier dans le temps dont il
parle. Ses regards s'étendront fur tous les
peuples, & fes récits ne feront déterminés que par l'ordre des temps & par l'importance des événemens contemporains.
Par cette-fage diftribution, il évitera les
deux extrêmes où tombent la plus grande
partie des auteurs d'élémens hiftoriques
que nous connoiffons. Il ne privera pas
les élémens de leur propriété caractéris-
tique, en donnant de trop grands développemens ; il n'en ôtera pas non plus,
par une trop grande concifion, tout ce
qu'il eft utile de favoir.

Enfin, au lieu de remplir fes écrits de
ces ennuyeufes moralités dont femblent
s'être fait un devoir quelques hiftoriens
modernes, il imitera les anciens dans
l'art de les faire naître naturellement, en
offrant le vice & la vertu avec les couleurs qui leur font propres.

Telle eft, en peu de mots, l'idée du
plan fur lequel je défiférois que l'étude
de l'Hiftoire fût réglée dans cet âge, &

dont il me semble qu'il réfulteroit les
plus grands avantages.

Je ne dois pas négliger ici d'avertir
que cette hiftoire, dont on devroit &
on pourroit, fans beaucoup de peine,
faire ufage pour les elèves de l'âge dont
je parle, eft bien différente de celle que
je voudrois qui devînt l'objet des pro-
fondes méditations des hommes de cette
claffe, dès qu'ils auroient achevé le cours
de leur éducation fcientifique. Mais je
fuis obligé de me taire fur cet objet, non
feulement parce que ce ne feroit pas
ici le lieu d'en parler, non feulement parce que l'hiftoire que je dé-
fire n'exifte pas, & qu'aucune de celles
qu'on a jufqu'à préfent, ou imaginées,
ou exécutées, n'a de rapport avec celle-
là; mais parce que l'idée en eft fi hardie
& le plan fi étendu, que l'exécution en feroit regardée comme impoffible. J'ai conçu le deffein de cette hiftoire, & j'en ai
préparé quelques matériaux. Le temps
viendra peut-être où je pourrai m'occuper de cet objet fi vafte & fi peu
connu; & c'eft avec l'exécution que je

développerai mes idées sur cet objet.

Après cette courte digression, revenons aux instructions propres à l'âge dont nous parlons, & aux facultés dont nous devons faire usage.

Les trois années que nous avons destinées aux instructions indiquées ci-dessus seront employées en même temps à l'étude d'une langue qui, après avoir été pendant si long-temps l'objet, pour ainsi dire, unique de l'éducation scientifique de la jeunesse, maintenant, par cette funeste inclination des hommes à se jeter dans les extrêmes, est presque entièrement négligée dans une grande partie de l'Europe, & particulièrement chez une nation qui croit avoir le droit de donner la loi aux connoissances humaines, comme elle l'a donnée depuis long-temps à l'opinion & à la mode.

Par une suite de cet abus, la langue de Cicéron, de Tite-Live, de Pline & de Tacite, a en quelque sorte disparu d'une grande partie de l'Europe, avec cette noble énergie dont elle nous offre de si brillans modèles.

Nous ne nous laisserons donc point in-
duire en erreur par les raisons spécieuses
qu'ont données plusieurs Ecrivains contre
l'étude de cette langue ; mais nous, ne
nous laisserons pas non plus subjuguer
par l'exemple, lorsqu'il s'agira de la méthode d'enseignement qu'il faut suivre.

Avant l'âge dont on parle, c'est-à-
dire, avant celui qui est compris entre la
neuvième & la dixième année, ou depuis
le commencement de la cinquième année
jusqu'à la fin de la septième, l'étude de
cette langue eût été contraire au plan que
nous nous sommes proposé de suivre ;
avant ce temps, la faculté de la mémoire,
si nécessaire à cette étude, ne devoit pas
être employée, parce qu'elle n'étoit pas
arrivée à ce degré de développement nécessaire pour qu'on puisse s'en servir sans
aucune espèce de risque. La première
différence entre ce qu'on a pratiqué, ce
qu'on pratique encore, & ce que nous
proposons, est donc relative à l'âge
qu'on doit destiner à cette étude (1).

_____

(1) Personne n'ignore qu'on commence d'ordinaire
l'enseignement du latin à l'instant où l'enfant a fini d'apprendre,

La feconde différence concerne la manière dont on doit l'entreprendre. Commencer cette étude au point où on la commence d'ordinaire, c'eft la commencer où elle doit finir. Un labyrinthe inextricable de définitions, de règles, & d'exceptions ; une longue expofition de principes, tous relatifs à la partie la plus métaphyfique de la langue ; un chaos de préceptes dont les enfans répètent les paroles, fans en faifir l'efprit, & qui, après qu'ils ont fini d'apprendre la fcience, les laiffent dans une entière ignorance de la langue de cette fcience ; telle eft l'abfurde méthode à laqnelle nous avons tous été obligés de nous foumettre ; telle eft la manière dont l'erreur a toujours perpétué l'ignorance, a fait détefter l'inftruction, a rendu ftériles les efprits les plus féconds, a infpiré aux enfans une haîne invincible pour l'application & l'étude, & les a privés de ce bonheur qu'il femble que la nature ait réfervé pour cette feule période de la vie (1).

_____

(1) Je ne puis m'empêcher de rapporter ici deux paffages de l'élégant difcours de *Facciolati* fur la Gram-

Je me garderai bien de suivre une méthode qui a produit & produit chaque
jour tant de maux. Mes principes, le plan
que je me suis proposé de suivre, la triste
expérience que j'ai faite sur moi-même,
& celle des hommes qui, dans leurs
écrits, ont montré la vaste connoissance
qu'ils avoient de cette langue ; tout m'en-
gage à conseiller une nouvelle méthode,
entièrement différente de l'ancienne.

Nos instructions préliminaires se rédui-

---

maire , où il peint des plus vives couleurs les vices de
cette méthode. — *quemadmodum enim subitarius mi-
les , si in confertissimam hostium aciem statim com-
pellatur, periculi magnitudine, atque insolentiâ des-
pondet animum, suique prorsus oblitus vix telum ex-
pedit ; ita litterariæ palestræ tirunculi ingentes gram-
maticorum commentationes agredi jussi, cogitatione
ipsâ difficultatis & laboris exanimantur, spemque
omnem evadendi statim objiciunt.* —Et parlant ensuite de ce qui lui étoit arrivé à lui-même , il dit ......
*Ego obruebar infinita illa, atque implicatissima re-
gularum strue, nec pluribus votis adversâ tempestate
jactati nautæ portum desiderant, quam ego, inde
me ut expedirem, & improbi laboris terminum ali-
quando contigerem, deorum hominumque opem im-
plorabam.*

ront à la déclinaison & à la conjugaison des noms & des verbes, & à ce petit nombre de règles & d'observations grammaticales, qui font d'un usage plus fréquent & plus indispensable pour l'intelligence de la langue. Suivant l'opinion d'un célèbre latiniste italien (1), trois mois peuvent suffire à ces instructions préliminaires. Nous y destinerons les trois premiers de la cinquieme année. La lecture & l'explication des anciens auteurs, & l'art d'en relever & d'en montrer les beautés aux jeunes gens; seront le seul moyen par lequel, dans tout le reste des trois années que nous avons destinées à l'exercice de cette seconde faculté, on étudiera cette langue. Tous ceux qui y ont fait les plus grands progrès, conviennent les devoir à cet exercice (2).

Un seul principe suffit pour détermi-

_____

(1) Voy. les deux lettres de Flaminio, écrites, l'une à M. Louis Calino, & l'autre à M. Galeazzo Florimonte de Seffa.

(2) Buonamici, auteur de l'excellente histoire intitu-

ner le choix qu'on doit faire des livres propres à cet ufage ; les fignes ne font rien fans l'idée des chofes qu'ils repréfentent.

En toute langue, les mots font les fignes des idées ; mais avec cette diffé-rence que, dans la langue vivante, les idées des objets aperçus fe lient immé-diatement aux mots qu'on entend pro-noncer ; & dans l'étude d'une langue morte, cette liaifon ne fe fait pas immé-

---

lée de rebus ad Velitras geftis, avouoit qu'il n'avoit fait aucune étude de la grammaire, & qu'il avoit uni-quement puifé les connoiffances de la langue latine dans la lecture des meilleurs auteurs, & particulierement de Céfar. Facciolati dit la même chofe dans le difcours cité plus haut. Si quid valeo, Ciceroni, Terentio, Livio, Cæfari, Virgilio, Horatio, cæterifque ejus ætatis fcriptoribus debeo : nihil à me repetundarum jure poftulet Prifcianus, nihil Donatus vindicet, ni-hil Valla, nihil Sanctius, nihil ille ipfe, deliciæ quon-dam noftræ, Emanuel Alvarus, quos omnes unà cum crepundiis vel abjeci, vel depofui. Excidere jam diu animo eorum monita, excidere leges, nihilque mihi poteft ad ftudium retardandum contingere infeftius, quàm triftis quædam eorum recordatio, ac metus, unde folent arida, ac exanguia proficifci. Quid enim eft aliquid grammaticè loqui, quam omninò la-tinè non loqui, fi credimus præceptori maximo Quin-tiliano ?

diatement avec l'idée, mais avec le mot
de la langue nationale qui l'exprime.
Dans l'une, les mots font les fignes des
idées ; dans l'autre, ils font les fignes des
fignes des idées, ce qui fuppofe un double
effort de l'efprit. Que fera-ce, fi l'on joint
à cela l'ignorance, ou le peu de clarté de
l'idée même.

Il faut donc choifir, entre les ouvrages des anciens Ecrivains, ceux qui parlent des chofes dont les enfans élevés
d'après notre plan peuvent, dans l'âge
dont nous parlons & pendant les trois
années qui forment cetre époque, avoir
des idées claires, ou acquifes avec
facilité. Dans la dernière de ces trois
années, on leur enfeignera les premiers
principes de la profódie latine & vulgaire, & on les exercera à l'intelligence des
poëtes de l'une & l'autre langue. On ob-
fervera, dans le choix de ces poëtes, le
principe établi (1).

_____

(1) Les lectures propofées dans la partie morale de l'é-
ducation de cette claffe, pourront encore contribuer à cet
objet : elles devroient fe borner aux feuls ouvrages écrits

Enfin, comme la faculté de la mémoire n'eſt pas la même dans tous les hommes, leur aptitude aux langues n'eſt pas non plus la même. Ceux des élèves de ce collège qui montreront pour cette étude un talent plus décidé, ſeront encore inſtruits dans la langue grecque ; & l'inſtruction qu'on leur donnera à cette époque de leur éducation ſcientifique, aura pour baſe la méthode propoſée pour la langue latine.

Nous parlerons de la véritable grammaire, & de l'étude qu'on en doit faire, dans la quatrième époque de l'éducation, lorſqu'on ſe ſervira de la quatrième faculté. Cette partie de la philoſophie, cette ſublime métaphyſique des langues ne peut être ſéparée du développement de cette dernière faculté, & de l'uſage préalable des autres, pour ceux qui veulent étudier & ſavoir d'une manière utile. Lorſqu'on verra ce que j'entends

_____

dans la langue vulgaire, ou dans celle des langues vivantes que nous avons indiquées dès le commencement de l'éducation.

par ces expreſſions, on ſera convaincu, j'eſpère, de cette vérité.

Examinons maintenant l'uſage que l'on doit faire de la troiſième faculté; voyons comment l'on pourroit ſe ſervir de l'*imagination*; voyons comment l'on pourroit, dans les élèves du collége dont nous parlons, cultiver & diriger cette faculté, pour laquelle nous avons, ſans nous en appercevoir, préparé tant de matériaux.

ARTICLE VI.

Des inſtructions de la huitieme année.

Cette année de l'éducation, la treizième de la vie, ſera entièrement conſacrée à l'uſage de la *troiſieme faculté*, qui, dans le plus grand nombre des hommes de cet âge, eſt parvenue, ce ſemble, à ce degré de développement néceſſaire pour pouvoir être employée ſans danger. Les grandes & nombreuſes idées de la Nature, de ſes productions, de ſa fécondité, de ſes prodiges, de ſes forces, idées acquiſes, ſoit par les inſtructions de l'Hiſtoire Naturelle, ſoit par les expériences chimiques,

chimiques & les observations cosmolo-
giques ; la connoissance de tout ce qui est
arrivé de plus important sur la terre en
différens temps , chez les différens peuples , & dans les divers états de la société ,
instruction acquise par l'Histoire ; celle
des actions héroïques qu'ont produites l'a-
mour de la patrie & l'amour de la gloire ,
& qu'on a donnée aux enfans dans la partie morale de l'éducation , par des discours & des lectures destinés à cet objet; l'idée du beau, inspirée , & par la
continuelle observation de la Nature , &
par le dessin , & par l'habitude de voir
les plus belles productions de cet art ; &
par la lecture des meilleurs écrivains :
tout cela compose le nombre prodigieux
de matériaux que nous avons préparés à
l'*imagination* de nos élèves. Avant de nous
permettre d'employer cette faculté, il
falloit attendre qu'elle eût acquis la
force nécessaire pour qu'on puisse s'en
servir sans la détruire ; il falloit leur donner des idées; il falloit , avant de les obliger à les composer , attendre que la mémoire fût en état de les retenir ; il falloit,

Tome VI, T

en un mot, faire tout ce qu'on a fait, &
attendre autant de temps qu'on a attendu,
pour profiter de cette faculté, & la diriger
d'une manière utile. Une fois parvenus à
ce point, voyons en quoi doivent consister
cet usage & cette direction.

Il est une époque de la vie où l'esprit
humain, pourvu d'un nombre assez consi-
dérable d'idées, commence à sentir le
besoin de les déployer. Cette époque est
celle où la faculté de l'imagination a acquis un certain degré d'activité & de force
qui suppose son entier développement.

Le meilleur usage qu'on puisse tirer de
cette période de la vie, est de mettre à
profit ce besoin, cette disposition. Nous ne
devons pour cela faire autre chose que
seconder la nature. Les instructions que
nous avons communiquées à nos élèves
dans les années précédentes, fournissent,
comme on l'a dit, un nombre suffisant de
matériaux aux opérations de leur imagination. Elles ont en même temps préparé
un autre avantage. La netteté des idées
que nous avons constamment cherché à
combiner avec leur multiplicité; l'habi-

tude de l'obfervation, le fpectacle continuel des plus belles productions de la nature & de l'art , & tous les autres moyens
par lefquels nous avons cherché à leur
infpirer l'idée du vrai beau, préviendront
facilement les abus & les erreurs de l'i-
magination, fans en diminuer l'énergie ,
qui eft toujours proportionnée à la liberté
qu'on leur laiffe.

Ce nombre immenfe de règles & de
précepte, par lefquels on enchaîne, on
rétrécit , & on brifé enfin l'imagination
des jeunes gens , fous le prétexte de la
diriger , fera profcrit de notre plan , non
feulement comme inutile , mais comme
dangereux. La nature, que nous leur avons
conftamment montrée en elle - même &
dans fes plus belles imitations , leur tiendra lieu de préceptes & de règles. Les
Ecrivains qu'ils ont lus , & qu'ils continueront à lire , leur donneront des idées
juftes de l'élocution , & leur formeront
le goût. Le vrai, le beau, le grand , le
fublime feront dans leur ame , & non dans
leur mémoire.

Il eft extrêmement important qu'ils

T 2

s'accoutument à écrire, ou en vers ou
en profe, tout ce qu'ils imaginent, & qu'ils
s'exercent à imaginer, c'est-à-dire, à compofer & combiner les objets qui peuvent
être fufceptibles de combinaifon. Il eft
important qu'ils imitent & embelliffent
la nature dans leurs productions, &
qu'ils ne s'étudient pas à la gâter par
des imitations capricieufes. Il eft important qu'ils apprennent à imiter les
écrivains qu'on leur propofe pour modeles, au lieu d'apprendre fervilement
les règles qui ont été établies d'après ces
modèles (1), & qu'au lieu de chercher

_____

(1) L'art poétique d'Ariftote n'eft il pas entièrement
fondé fur les poëmes d'Homere? Quelle foule de préceptes Horace n'a t-il pas tirés de deux ou trois vers que fon
imagination a peut être créés en fe jouant? Avant que
Tifias eût recueilli les règles de l'éloquence; que Platon eût écrit fon profond dialogue de Gorgias; qu'Ariftote eût compofé fa réthorique, & Cicéron fes livres de
l'Orateur, combien de grands Orateurs avoient appris
de la Nature feule ce que ces illuftres Légiflateurs du
goût ont enfuite prefcrit. Tout ce que ces écrivains ont
enfeigné fur l'art de l'Orateur & du Poëte, ne prouve
autre chofe que la difficulté de les égaler. Trop éclairés
pour croire que leurs règles pouvoient faire des Ora-

dans ces modèles les tropes & l'antithèfe ;
ils y cherchent cette mâle vigueur de
l'efprit, qui, en toutes chofes, fait découvrir & faifir à l'homme la voie la plus courte
pour arriver au but propofé, & qui, le pé-
nétrant vivement de la grandeur & de la
dignité de la nature humaine, lui fait dé-
daigner tous ces artifices, toutes ces ru-
fes frivoles & puériles d'un efprit qui
veut tromper, & d'une imagination qui
veut féduire.

En un mot, leur unique, leur grand
intérêt eft de découvrir les fecrets de
l'art, au lieu d'en apprendre les règles ;
de faire réellement tout ce qu'on doit
faire, au lieu d'apprendre ce que les autres ont dit ; de fentir & de connoître les
beautés de l'art, au lieu d'en favoir les

---

teurs & des Poëtes, ils ne vouloient fûrement qu'exagé-
rer les difficultés de l'art. Ils y ont en effet réuffi ; ils ont
travaillé de deux manières au fuccès de leur gloire, d'a-
bord par l'invention apparente de l'art, & enfuite en diminuant, par cette invention apparente, le nombre de
leurs émules.

noms, les définitions, & les préceptes.

Voilà tout ce qu'un fage infiituteur doit faire dans l'âge dont nous parlons. Il parviendra à ce but, s'il fait choifir les fujets fur lefquels l'imagination des éleves peut s'exercer avec le plus d'avantage ; s'il fait leur rappeler les objets qui doivent fe rapporter à cet ufage ; s'il fait leur indiquer les paffages des meilleurs Ecrivains, qui, analogues au fujet propofé, peuvent leur fervir de modeles ; s'il fait leur faire fentir les beautés & les défauts de l'exécution ; fi, rapprochant cette exécution de la nature même, il en montre les rapports de reffemblance & de différence, les points où on l'a imitée, ou embellie, ou défigurée ; fi, la rapprochant des modèles qu'on leur a offerts, il leur indique en quoi confifte la différence du talent ; fi enfin il fait remédier aux erreurs & aux imperfections de leurs travaux, & fubfituer le beau & le parfait, au difforme & au médiocre.

C'eft ainfi qu'on pourra diriger cette troifième faculté. Toute la neuvième année de l'éducation fcientifique fera, pour

les élèves du collége dont nous parlons,
employée à cet ufage; les fix autres années fuffiront à toutes les inftruactions relatives à la *quatrieme faculté*, inftruactions
que je ne pourrois négliger dans ce plan,
fans le rendre incomplet. Examinons fi,
dans l'exercice de cette nouvelle faculté,
nous pourrons conferver l'ufage de celle
dont nous venons de parler.

Fin du tome fixieme.

www.ingramcontent.com/pod-product-compliance
Lightning Source LLC
Chambersburg PA
CBHW070232200326
41518CB00010B/1533